続・
ロールシャッハテスト
の所見の書き方

臨床的な理解と描写のために

加藤志ほ子 監修　吉村聡 著

池島静佳・北村麻紀子・松田東子・満山かおる 執筆協力

岩崎学術出版社

監修者まえがき

　本書は『ロールシャッハテストの所見の書き方──臨床の要請にこたえるために』加藤志ほ子・吉村聡編著（岩崎学術出版社，2016年）の続編になります。お陰様で前著はたくさんのご支持をいただき，続編の刊行に至りました。

　このことは，前著の「序文」で馬場禮子先生が，「心理アセスメントの，主として心理検査の，その中でも特に投映法検査の，さらにその中のロールシャッハテストを中心とした，臨床心理アセスメントの所見の書き方にというところに主眼を置いて書かれたものであり，本書が相当に特殊分野に入り込んだ，専門的なものだとわかる。しかし少数専門家向けのようでありながら，我々臨床心理士にとってなくてはならない仕事に関するものであり，心理臨床家であれば誰にでも課せられる，誰でもできなければならない仕事である。」と書いてくださったように，臨床の現場では，ロールシャッハテストの所見をきちんと出すことが求められていて，この要請に叶うような所見を書けるようになりたいと願う臨床家がいて，どのように学んでいきたいかを探っている心理臨床家がたくさんいるということに他なりません。

　内容を簡単にご紹介したいと思います。本書は，この要望に応えることができるように，ロールシャッハ法を力動的に理解していく枠組みについて前著よりさらに詳しく解説しています。吉村聡さんが，前著に書ききれていない各種心理検査の特徴と構造について解説しています。また，ロールシャッハ反応の読み取りの例をいくつかお示しし，一つの事例からの理解を力動的に読み解くという例もお示ししています。特にロールシャッハ法の特徴と構造については，精神分析家のD. Rapaportの力動的な視点や対人関係場面としての視点なども解説しています。ロールシャッハ法と治療構造論という観点から，反応を読み解きながらその理解を進めるという

きめ細かな作業になっています。

　知覚対象の図版があり，知覚に基づいた連想があり，その中間領域である自分の空想を説明することが求められる検査を通して，この中間領域が，各々の被検者の中でどの様に体験され，表現され，あるいは表現できなくて別の形での表現になるなど，その関係性の中で，検査は進んでいき，これを読みとることになります。

　そして，このテスト状況の中で示される内容や特徴が，この関係性の中で進む連想の傾向や水準などの特徴が，被検者の対象との関係の中でのパターンや特徴として，理解されてきます。ロールシャッハ検査の数字的な資料のほかに，こうした反応の推移や，情緒の揺れ動きの特徴や，検査者とのやり取りの間に読み取れる理解があり，被検者の理解が進んでいく様子などが解説されています。

　こうして読みとられた内容を，所見に作成していくときに気をつけたい事柄についても「所見例」を通して，丁寧な指導が描かれています。

　最後に，長年続く研修グループのメンバー（吉村聡，池島静佳，北村麻紀子，松田東子，満山かおる）による座談会が掲載されています。一つの所見を中心に，心理検査の資料を読み解くときの留意点や，読み取ったものをどのように所見の中に組み入れていくか，パーソナリティ理解をどのように依頼者に伝えていくか，また被検者に伝えるときにはどのようなことに気を付けて伝えていくかなどについて，話し合われたものを掲載しています。もう初学者とは言えないほど経験を積んだ中堅のメンバーが，鋭く質問をしてくるので，タジタジしながら座談会は進みました。テスターと被検者の間に起こる関係性をも拾い上げつつ資料を読み取れる様になると，事例の理解はさらに深まるのではないかと思われます。

　「本書が後続する多くの臨床心理専門家の役に立つことを，心から願っている」と結ばれた前著の馬場先生の言葉をお借りして，監修者まえがきとします。

加藤 志ほ子

目　次

監修者まえがき　　*iii*

第I部　レクチャー──所見作成のための知識と技術

第1章　所見作成のための基礎知識　　*3*

1. 心理検査の特徴について　　*3*
2. 心理検査所見をまとめるまでのステップ　　*4*
3. 心理検査への期待（臨床の要請）にこたえる　　*8*

第2章　各種心理検査の統合的理解──心理検査の構造と特徴　　*19*

1. 実施方法による心理検査の分類　　*20*
2. 心理検査の構造度　　*21*
   - ■コラム　David Rapaport の人生と業績　　*23*
3. 心理検査ごとの性質の違いと結果の現れ方　　*26*
4. 心理検査の構造度と病態水準　　*28*
   - ■コラム　心理検査バッテリー　　*31*

第3章　ロールシャッハ法の特徴と構造　　*32*

1. ロールシャッハ図版　　*33*
   - ■コラム　『アルジャーノンに花束を』とロールシャッハ法①　　*39*
   - ■コラム　『アルジャーノンに花束を』とロールシャッハ法②　　*40*
2. 反応段階と質問段階　　*41*
3. 対人関係場面としてのロールシャッハ法　　*44*
   - ■コラム　心理検査における関係性の視点　　*47*
4. ロールシャッハ法と治療構造論　　*48*
5. 臨床例に学ぶ　　*51*

第II部　ケーススタディ

　　第4章　所見例に学ぶ（その1）──所見作成のプロセスに焦点を
　　　　　　あてながら　*67*

　　　　1．事例 I の概要　*68*

　　　　2．CS によるクラスター分析　*70*

　　　　　■コラム　ロールシャッハ体系間の違いについて　*88*

　　　　3．片口法による量的分析　*89*

　　　　　■コラム　CS と片口法──記号と指標による解釈の比較　*98*

　　　　4．ロールシャッハ・プロトコルの質的検討（継起分析）　*99*

　　　　5．所見作成までの準備（記号による解釈と継起分析の統合作
　　　　　　業）　*112*

　　第5章　所見例に学ぶ（その2）──誌上スーパービジョンの試み
　　　　　　121

　　　　1．事例 J の概要　*121*

　　　　2．ロールシャッハ・データ　*122*

　　　　3．所見例（立河さんの場合）　*134*

　　　　4．所見例（吉村の場合）　*146*

　　　　5．立河さんの振り返り（2 つの所見を比較して）　*152*

　　　　6．立河さんからのコメントを受けて　*158*

第III部　加藤志ほ子先生の所見に学ぶ

　　第6章　所見例に学ぶ（その3）──加藤志ほ子先生の場合
　　　　　　171

　　　　1．事例 K の概要　*171*

　　　　2．ロールシャッハ・データと所見　*171*

　　第7章　座談会　*184*

　　文　献　*219*

　　あとがき　*221*

　　索　引　*227*

第Ⅰ部
レクチャー
──所見作成のための知識と技術──

ロールシャッハ法が被検者について臨床的な理解をもたらすツールであることは，多くの臨床家の実感するところです。ロールシャッハ法は科学的検証が不十分であると批判されることがあるのも事実ですが，実証的なアセスメントの重要性を強調する丹野（2000）も，「投映法（特にロールシャッハ・テスト）は，性格のみならず，症状・認知特性・知的能力・行動特性など，パーソナリティのさまざまな側面を捉えられる。また，環境への適応を力動的・全体的に把握できるため，統合的理解を得やすく，治療法についての仮説が立てやすい」と一定の評価を与えています。

　このようなアセスメントの仕事を果たすために必要なのが，臨床に役立つ所見の作成と提出です。医師による診察や心理職による心理療法の治療計画に役立てるためには，この検査から十分な理解を得て，これを過不足なく適切に依頼者に伝える必要があります。

　第Ⅰ部には，この心理検査所見をまとめるために必要な知識や技術についてまとめられています[注1]。料理本のようにマニュアル化された所見，事例の個別性が見えにくい所見を卒業して，クライエントの姿が鮮明に浮かび上がる所見をまとめるためには，どのような知識と工夫が必要なのでしょうか。臨床の要請にこたえる所見とは，どのようなものなのでしょうか。ご一緒にみていきましょう。

注1）本書は，解釈の基本を習得して，さらに一段階上の所見をまとめようとする方を念頭に執筆されています（この方向性は，前著から引き継がれています）。したがって，検査の施行方法やスコアリングの決まり，あるいは結果を理解するために必要なパーソナリティ理論については省略されています。力動的な解釈方法を学びたい方には，馬場（2017）などを精読されることをお勧めします。

第1章　所見作成のための基礎知識

　心理検査の結果報告書をまとめるためには，何が必要でしょうか。

　本章では，加藤志ほ子・吉村聡編著『ロールシャッハテストの所見の書き方──臨床の要請にこたえるために』（岩崎学術出版社，2016年）では十分に触れられなかった点を補完しながら，ロールシャッハ法[注2]をはじめとした検査結果報告書をまとめるときに求められる知識や技術について，基本的な事柄から順に整理していきたいと思います。なお，本書で加藤・吉村『所見の書き方』に言及するときには，「前著」と記すことにします。また，本書が焦点をあてている結果報告書は，前著に続いて，主治医向けの所見を指しています。

1．心理検査の特徴について

　ほとんどの心理検査は，心理学における実証研究の進展とともに歩んできました。したがって，検査によって程度は違うものの，心理検査には客観的視点が求められています。この性質ゆえに，主観的になりやすい診察や面接だけでは判断の難しいとき，診断や治療の参考にするために心理検査が求められることは，少なくありません。したがって，心理検査の結果を所見として書面で提出するときには，検査の客観性を十分に生かしたも

注2）本書では，基本的に「ロールシャッハ法」と記載しています。これは，この検査が対象者を理解するための一つの「方法」であるという著者（吉村）の考えに基づいています。「テスト」という言葉から想起されやすい客観的・診断的理解も重要ですが，この検査には，関係性や状況の影響を受けやすい面もあり，狭義の「テスト」には収まりきれない特徴と利点があると考えるからです。ただし，本書は加藤先生のご講義を中心にまとめられた前著からの流れを尊重して，タイトルは「ロールシャッハテスト」のままにしています。

4 第Ⅰ部　レクチャー

のであることが必要です。

　それでは，客観性が十分に担保された質問紙法ばかりが現場で求められるのかというと，現実はそうではありません。質問紙は心理学的特徴の一側面について精度高く教えてくれる専門ツールですが，クライエントの全体像を理解するのは難しいという限界があります。また，本人が自覚していない特徴や病理を把握するのは難しいという課題もあります。こうして質問紙法で把握するのが難しい内容を知ろうとして，投映法が依頼されることはしばしばあります。

　そしてこの投映法を活用しようとするときに，客観的視点による解釈に加えて，パーソナリティや精神病理に関する理論，あるいは臨床家が培ってきた臨床的直観（科学的直観）が加わると，さらに力を発揮します。ここに投映法検査の面白さと難しさがあります。客観的視点に基づきマニュアルに従ってまとめられた所見は重要ですが，それだけでは「型通り」の理解になりやすく，そのため，作成される所見の個別性に制約が加わりやすくなります。だからといって，検査結果を主観的判断だけでまとめようとすると，結果の信頼性を大きく損なう危険にさらされます。心理検査の実施から所見作成にいたるすべての過程において，この主観と客観のバランスを十分に意識し，そして活用することが必要になるのです。

2.　心理検査所見をまとめるまでのステップ

　心理検査の所見をまとめるためのステップは，どのようなものでしょうか。津川（2015）は，これをわかりやすく示しています（表1参照）。

　臨床家を養成する多くの大学院や研修機関では，上記の「1」から「4」にかけて重点のおかれた学習機会が提供されていることと思います。ロールシャッハ法の場合，解釈を習得するためにそれなりの臨床経験と学習を必要とするために，とりわけ「3」「4」に焦点づけた研修機会は少なくありません。

　私たちの前著でも，加藤がロールシャッハ法における解釈（「4」）に必要な理論的枠組みについてまとめています。詳しくは加藤の説明をご覧い

第 1 章　所見作成のための基礎知識　5

表1　所見をまとめるまでに必要なステップ（津川, 2015 を一部改変）

1．決められた手順で正しく検査を実施できる

2．行動観察等を含めた記録ができる

3．自分でデータを正しく処理／スコアリングできる

4．データをもとに自分で解釈できる

5．複数の検査結果を統合して理解できる

6．本人への検査結果のフィードバックの用意ができている

ただきたいのですが，ここでも，簡単におさらいしておきましょう。

　アセスメント内容は大きく5つの観点でまとめられます。つまり，①不安の水準，②自我の働き，③退行の水準，④回復過程，⑤現実検討力，です。さらにこれらの5つを総合して，病態水準を判断する必要があります。また，自我機能がどのように働いているのか，つまり被検者はどのような感情や思考の体験をもち，自己理解や対人関係はどのようになっているのかなどについて検討することで，パーソナリティタイプについて考えることになります。ロールシャッハ法を活用すると，こうしたパーソナリティの諸側面を理解できるわけですが，ロールシャッハ法は理解のための「ツール」ですから，前提としてのパーソナリティ理論（ここでは精神分析の考え方）が身についていることが求められます。

　一方で，基本的な事柄でありながら，もしかすると「2. 行動観察等を含めた記録ができる」について学ぶ機会は限られているかもしれません。**しかし検査結果を理解するときには，狭義の「反応」だけでなく，検査実施時の態度や言動も重要な情報になりえます。場合によっては，検査実施前後の様子の記述も大切**です。それは，投映法の場合，検査を受けるまでの経緯や文脈が検査態度や反応に影響を及ぼす場合があるためであり，また，そもそも「検査を受ける（または受けさせられる）」という特殊な設定内での振舞いが，アセスメントの重要な材料になるからです。**心理検査は，こうした一連の検査場面全体を含めたものとして考えておくことが望ましい**でしょう。そしてこの検査態度の記述にも，客観的観察ばかりでな

く，関わりの中から感じられるもの（参与しながらの観察によって得られるもの）が意味をもつ場合もあります。

　そして，ここには微妙で繊細な問題があります。ロールシャッハ法（および対人関係に基づいて実施される投映法検査の中で，言語反応に重きをおくもの）では，**被検者の反応を逐語で書きとめること**が期待されています。ところが，筆記に集中していると，被検者の様子を見過ごしかねないという問題があります。書く作業に集中しているとき，被検者の様子を「見る／感じる」ことがおろそかになりやすく，上記の「観察」が一面的になりやすいのです。これに対して録音や録画機器を併用することでこの問題を解決しようとする人もあるでしょう。たしかに録音機能を併用することで，被検者の様子に注意を向けることが容易になります。しかし録音された音声には，その場の微妙な雰囲気が含まれにくいという事実があります。記憶も含めた機能や感覚を総動員して目の前の人に向かい合うのが臨床家の仕事であると考えて，被検者との間に機械を介在させることを望ましいとは考えない臨床家もいます。

　いずれの立場をとるにしても，臨床家に求められるのは，逐語データを手元に確保しながら，できるだけ被検者の様子にも気持ちを配るという姿勢です。検査時に得た気づきをできるだけ速やかに書き留めておくことが必要です。筆記という客観的で具体的な認知作業をこなしながら，同時に気配や様子という曖昧なものにも目を向けるという作業は，実際にやってみると，なかなか難しいかもしれません。経験を重ねていく中で習熟していくことが求められるところです。

　さらに「5．複数の検査結果を統合して理解できる」も重要です。心理検査所見をまとめるときには，実施した検査ごとに解釈をまとめ，さらにこれとは別に総合所見をまとめることが多いように思います。このとき，複数の検査間の所見を繋いだ理解が求められます。次章では，この問題を詳しく取り上げたいと思います。

　最後に，「6．本人への検査結果のフィードバックの用意ができている」についても，少しふれておきます。結果と解釈のどの部分をどのようにまとめるべきなのかについて考える作業は，私たちがクライエントと臨床面

接をもつ中で得た理解をどのタイミングでどのように伝えるのかを考えることと似ています。高度に臨床的な判断が求められるところです。したがって，検査結果とそのフィードバックについて考えるという作業は，臨床面接の訓練にもなることを忘れるわけにはいきません。

もっと知りたい！🔍

Question: 反応を逐語で書きとめようとしていますが，うまくいきません。被検者の様子を観察する余裕もありません。どうすればいいのでしょうか？

Answer:

　被検者の発話量や速度によっては，発話された内容すべてを書きとめることが現実的に不可能な場合もあります。ただし，経験を積むにしたがって，慣れていくということはあるかもしれません。

　検査者としてできる工夫は考えておきましょう。自分なりの略語を決めておくと便利です。私は，「全体」はW，「部分」はD，「人間」はH，「〜のように見えます」は see，などのように決めています（漢字よりもアルファベットの方が早く書けるのでこのようにしています）。

　質問段階では，まず被検者の反応を書きとってから，次にロケーションチャートに書きこみます。説明を聞きながらロケーションチャートに書きこむと，その間の言語反応を後から思い出して書かなければならず，それは大変な（そして不正確な）作業になるからです。

　また，あまりに早口でどんどん話すクライエントには，「少し待ってください」と言ってもいいでしょう。もちろん，どのタイミングで検査者がそういったのかを記録しておくことは大切です。

　このようにして書く負担を減らすことで，被検者の様子に観察する余裕を少しでも確保することが必要です。

3. 心理検査への期待（臨床の要請）にこたえる

　所見にまとめる内容について考えるとき，まず確認したいのが検査目的です。

　依頼者は，心理検査から何を得たいと思っているのでしょうか。この点を明確にするところから，私たちの「臨床の要請にこたえる」という作業がはじまります。

　勤務先や医師によっては，心理検査で明らかにしてほしいことを丁寧に教えてもらえるかもしれません。既定の依頼文書がある臨床機関は少なくありませんが，依頼目的がどの程度明示されるのかは，依頼者によって異なります。依頼者に直接話を聞くことで，文章になっていたものよりもさらに明確な期待がわかる場合もあります。検査結果をまとめる作業は，この依頼者の要請を明確化するところからはじまります。そして依頼内容にこたえるようにまとめることを忘れてはいけないと思います。

　それでは，依頼者からの要請にこたえる所見とは，どのようなものでしょうか。事例を通して考えてみましょう（なお，本書を通じて，取り上げられる事例には大幅な改変が加えられています）。

【事例A】

　家族に連れられて医療機関を訪れたのは，40歳代の独身女性でした。家族の説明によると，長年，この女性は家業を手伝ってきましたが，ここ数年，仕事にとりかかろうとすると「頭がまとまらない」と感じ，さらに，夜，眠れないと訴えるようになったそうです。主治医は患者本人にも話を聞こうとしましたが，この女性の話し方は，ぼそぼそと聞き取りにくいものでした。ゆっくり尋ねることで家族から得たものとほぼ同じ内容を確認できましたが，主治医はこの患者の様子に違和感を覚えました。この女性はすでに別の医療機関を受診していましたが，「精神病かも」「器質上の問題があるのでは」と診断がつかず，今回の医療機関に移ってきたという経緯もありました。主治医は，この初診のときにもった違和感から，診断と治療の参考にしたいと考えて心理検査を依頼しました。後日，所定の様式

で届けられた検査依頼書には，希望する心理検査の名前に添えて，「診断：未定（精神病疑い）」「依頼目的：診断と治療の参考のため」と記載されていました。

　依頼書を手に，私は主治医のもとを訪れました。初診時の患者の様子とともに，心理検査依頼の目的について詳しく聞きたいと考えたからです。すると，主治医は統合失調症を疑っているが，しっくりこないところもあるとのことでした。この女性には，精神科等の受診歴がなく，遺伝負因もみあたらず，また本人や家族からの聴取では，今のところはっきりとした精神病症状を確認できなかったことも，主治医の迷いに影響しているようでした。

　そこで，依頼された心理検査を一通り実施し，その後，検査結果報告書を提出しました。下記にお示しするのは，ロールシャッハ法（包括システムに準拠；以下，本書では包括システムをCSと略記）の報告書から，鑑別診断に関わる箇所を抜粋したものです。

ロールシャッハ法 結果報告書（一部抜粋）

40 歳代　既婚女性

〈ヒステリー性格としての特徴〉

　検査態度は，演技的に見えるほどオーバーアクションになることがあった。本人が気持ち悪いと感じた反応では背を丸め，華やかで明るい反応では，声量も大きく楽しげに説明した。さらに抑うつ感情の否認が認められたり（CP=1），可愛らしく美しい反応表象（「王妃」「ティンカーベル」など）が多い点も特徴的だった。一方で，対人関係は受身的になりやすく，他者の援助を必要としてきたことも推察された（対処力不全指標 CDI= 陽性，Fd=3，a:p=1:9）。

　以上の特徴を考えると，本例には，いわゆるヒステリー性格の特徴が認められると判断できる。

〈精神病的な思考活動〉

　反応には，しばしば推論過程の病理的な歪曲が認められた。たとえば「アジの開き（Ⅷ）」は，図版全体に魚の頭部だけ知覚した反応だったが，頭部だけで「アジ」と魚の種別を決めることは難しく，ましてやアジの「開き」を知覚することは不可能である。ここにはアジの全体像と頭部の知覚が一つの反応の中に混在している（混交）。また，「川崎病の，川崎の空の雲（Ⅸ）」という反応にも，「川崎病⇒川崎市」という奇妙な連想がうかがわれる。学歴（大卒）や WAIS に示される優れた言語性知能（VIQ=115）をあわせて考えると，川崎市と川崎病の関連づけは誤った知識によるものではなく，連合弛緩による可能性を否定しきれない。

　これらの思考活動上の問題は，精神病者に特徴的なものとして考えられる。

このロールシャッハ法所見には，パーソナリティ特徴（ヒステリー性格）と病態水準（精神病水準）がまとめられています。ここで注目したいのは，この判断の根拠も併記されていることです。また，所見にはロールシャッハ指標（記号）と反応語，さらに被検者の検査時の様子も記載されています。このように具体的な反応や被検者の様子が提示されると，心理検査の知識がない人にもイメージしてもらえて，理解を共有しやすくなります[注3]。

　上記の所見には省略されていますが，この後に続く総合所見では，主治医が診断に迷った背景も含めてまとめました。すなわち，ヒステリーとしてのパーソナリティ傾向（精神病に侵されていない自我機能）が残存しているために，短時間の診察では精神病者として同定しにくかった可能性が考えられることを指摘しています。精神的な問題を否認しがちであったり，受動的で自分から言語化したり行動を起こしにくい性格傾向も，この人の問題が明らかになることを遅らせていたのでしょう。**ロールシャッハ法は，日常の行動観察や診察の様子では分かりにくい場合でも，思考の病理を明瞭に捉えることがあります。自我機能の精神病的な病理をはっきり報告できるのは，この検査の強みとして考えられるところです。**

　このように，主治医が何を知りたいと考えているのか十分に把握して，検査から言えることを伝えること，そしてこのとき，根拠データ（スコアや反応語）を提示することが望ましいように思います[注4]。

注3）私は，描画法の所見をまとめるとき，被検者の描いた描画をスキャニングして添付しています。具体的に絵を示して心理的特徴をまとめるこのやり方は，今のところ，依頼者に好評であるように感じています。

注4）ここでは，検査から病態水準を明示できる例を紹介しましたが，場合によっては，パーソナリティや病態水準の判断に迷うこともあるでしょう。この場合，報告書には「どこまでわかったのか（どこからわからないのか）」を，判断根拠とともに記載することになると思います。

所見を見直してみる

　事例Aの所見をふりかえってみると，「精神病的な思考活動」の記載をいくらか修正する必要があることに気づきます。ここは主治医からの検査依頼である鑑別診断に直結するところなので，慎重かつ丁寧にまとめたいところです。

①「アジの開き」の反応について
　この反応は，Ⅷ図全体をアジの「頭」として知覚しているので，図版上にアジの「身」にあたる部分はありませんでした。それにもかかわらず被検者は「アジの開き」として，あたかもアジの身が図版上にあるかのように語っています。そして検査者にこの矛盾を指摘されても，本人は反応や見方を修正することができませんでした。当時の所見では，このあたりが分かりにくかったかもしれません。

②「川崎市の空」の反応について
　この被検者の言語的知識は十分でしたが，それでも川崎病と川崎市の連想のつながりは，緩やかな連想ではあるものの，連合弛緩とまで言っていいかがわからない（本当に知らなかっただけかもしれない）ところがありました。連合弛緩の問題よりも，むしろ，図版上に空をみながら，「これは川崎市の空」と特定化する問題の方が明瞭であったと思います。

　これらの点を踏まえて，今回は次のように書きなおしてみました。かつてまとめていたものに比べて，判断の根拠を詳細に書こうとしています。

所見（修正版）

〈精神病的な思考活動について〉

　検査上に，推論過程の病理的な歪曲が認められた。たとえば「アジの開き（Ⅷ）」という反応では，図版全体に魚の頭だけを見ており，魚の身の部分が指摘されなかった。ところが頭を見ただけで魚の種類を特定することは難しく，ましてや，アジの身の部分がないまま「開き」と判断することはできないはずである。この矛盾について本人に確認したが，十分な説明や修正は得られなかった。ここには，図版全体をアジの全身とした見方と，同じく図版全体にアジの頭だけを見た二つの知覚が，一つの反応の中に融合していることが考えられる（混交反応）。

　また，「川崎病の，川崎の空の雲（Ⅸ）」という反応にも，川崎病から川崎市に推移する奇妙な連想過程がうかがわれた。学歴（大卒）やWAISで示された高い言語性知能（VIQ=115）をあわせて考えると，川崎市と川崎病の関連づけは誤った知識によるものではなく，連合弛緩による可能性があるかもしれない。そして何よりも，空の様子をみるだけで地域を特定することは極めて困難で，過剰特定化の病理的思考がうかがわれる。

　これらの思考活動上の問題は，精神病者に特徴的なものとして考えられる。

14　第Ⅰ部　レクチャー

　もう一例，検討してみましょう。事例Aと同じように，依頼医が診断と
臨床対応に迷っていた事例です。

【事例B】

　Bは，30歳代の独身女性です。10代から希死念慮に苛まれていました。
20代に入って勤務先のストレスで体調を崩して抑うつ的になったことを
きっかけに，初めて精神科で投薬治療を受け，あわせて心理療法も受けた
ようです。しかし心理療法は数回で中断していました。投薬治療は継続さ
れましたが症状は著効せず，退職してひきこもりに近い生活を送るように
なり，通院も途絶えがちになりました。

　心理検査の依頼は，主治医の交代に伴うものでした。新しくBの担当に
なった主治医は，前主治医との治療が長期化していたことから，改めてB
のアセスメントをして，診断と治療の方針を検討しなおしたいと考えたよ
うです。ところがBはあまり多くを語らないために分からないことが多く，
主治医は，今後の治療の見通しをたてにくいという印象をもちました。前
主治医の診断は抑うつ状態でしたが，この診断を検討しなおしたいこと，
さらに検査結果によっては心理療法も依頼したいので，治療の適否につい
ても聞かせてほしいというのが，主治医からの要望でした。

　心理検査に先立って本人から話をうかがうと，主治医から聞いていた通
り，Bは「生きていても意味がない」という希死念慮を訴えました。ほぼ
毎日横になっているのに朝から晩まで疲れきっていて，自分には働くこと
はおろか，遊ぶことも楽しむこともできるとは思えないと言いました。

　私は，検査施行前に心理検査で分かるといいことは何かないか，尋ねて
みました。本人は少し考えていたようですが，あまり興味をもてない様子
で「特にない」と答えるばかりでした。

　それでは，この事例の検査結果報告書をみてみましょう。

第1章　所見作成のための基礎知識　*15*

ロールシャッハ法 結果報告書（一部抜粋）
30歳代　独身女性

〈抑うつ状態について〉

　反応数は少なく（R=15），外界への関心の乏しさ（人間反応の少なさ
や反応内容の乏しさ，色彩反応の乏しさ）が認められるところは，外界
からひきこもっている状態を思わせる。しかし抑うつ指標DEPIには該
当せず，また，人間運動反応が過剰（M=9）であることをあわせると，
典型的なうつ病とはいいにくい。むしろ精神内界はかなり活発であるこ
とが推察される。

〈著しく主観的な体験世界〉

　思考活動にはっきりした歪曲が認められる（知覚と思考の指標PTI=4，
WSum6=21）。特徴的なのは，作話結合と迫害的なテーマである（たと
えば「くっついてしまった虫」「羽のちぎれた蛾」「見世物として無理や
り踊らされている女性，頭がくっつけられている」）。何度も繰り返され
る被害的なテーマは，本人が意識的に（も）自分の訴えたいことを反応
に示そうとしていることを意味している。自分の空想にとらわれるあま
り，外的刺激にはほとんど左右されない状態にあると考えられる。

〈診断と治療への示唆〉

　著しく主観的な傾向は，一見すると，精神病水準の自我機能を思わせ
るほどである。しかし意味づけは主観的でありながらも，反応は図版の
特徴が取り入れられながら説明されており，ある程度の一貫性と主張性
が認められる。これらの特徴から，診断的には妄想性パーソナリティ障
害に近いことが予想される。

　治療には，信頼関係とある種の依存関係を必要とするだろう。ところ
が本例は，濃淡刺激の強い図版，つまり依存退行促進場面で，むしろ強
がるような反応を繰り返している（「威嚇するアリクイ」など）。先にま
とめた迫害的なテーマが繰り返される点もあわせると，この強がりのよ

—1—

16　第Ⅰ部　レクチャー

うな振舞いは，攻撃的な感情が，建設的で健全な関わりへの防衛として
用いられているものとして理解できる。関わりへの希求性や依存願望が
攻撃的感情によって阻害されているので，安定した治療関係の樹立には
困難が予想される。医療者に肯定的な気持ちが向きそうになると，この
過剰な想念の活動によって被害感情が高じたり自殺念慮が高まり，治療
関係から距離をとろうとする可能性があるだろう。
　心理療法や医師による診察には，困難が伴いやすいことが予想される。
治療には長期的展望が必要であり，一時的な精神病体験を念頭においた
治療的関与も必要になると思われる。治療における第一選択としては支
持的な関わりが考えられるが，どのような方法を選択するとしても，被
害的な受けとめと治療関係から距離をとろうとする動きが生じやすいこ
とを念頭に置く必要がある。そしてこの患者の場合，依存感情の高まり
や回復への試みがあるからこそ治療から距離をとろうとするという点を
医療者が念頭においていることも，長期化の予想される治療関係の支え
になるかもしれない。

—2—

　事例Bの場合，主治医は検査結果を診断の参考にしたいという動機をも
っていました。また，主治医は心理療法の導入を検討していたので，結果
報告書には，診断的理解と心理療法の適用可否について記載する必要があ
りました。
　心理療法の可能性を検討するために，私は，検査実施時に心理検査から
何を知りたいのか，本人の話を聞こうと試みています（心理検査に被検者
が期待する内容については，検査後に心理療法に導入されるかどうかに関
係なく，本人に確認した方がいいことの一つです）。依頼医にしても被検
者にしても，検査への要望や期待が明確であるほど，検査所見の内容は具
体的に記述しやすくなりますし，本人へのフィードバック内容も検討しや
すくなります。検査依頼目的が明確であれば，被検者に受けてもらう心理

第1章　所見作成のための基礎知識　*17*

検査を選別する上で必要な情報を得ることもできます。つまり，**検査への要望や期待について，依頼医や被検者から，できるだけ詳しく聞いておいた方がいい**ということです。

　事例Ｂの場合はどうでしょうか。やり取りが拒否されたわけではありませんが，本人から具体的な希望を聞き出すことはできませんでした。ここでさらに治療的な関わりを継続して，本人の心理検査へのモティベーションを言語化できるような働きかけを続ける可能性があるかもしれません。しかしこの事例では，このような治療的関与はもたれていません。聞き出すことができなかったという事実を得て，その時の様子をアセスメントの材料として活用するのにとどめられています。

　実際のところ，この人の所見作成は難しい作業になりました。ここには，診断的理解の難しさが大きく関わっていますが，問題はそればかりではありませんでした。診断的理解と関わりのあることですが，心理検査結果をもって心理療法の適否を論じようとするとき，手元に得られた情報から察するに，下記の点が課題になると考えたためです。つまり，①これまでの経緯をみるとこの患者との治療的関わりは難しく，長期化を余儀なくされたようですが，今もその点に変わりはないと考えられるのか，もし変わらないとしたら，②なぜこの人との治療的関わりが難しいと考えられるのか，検査結果から詳述する必要があると考えたからです。たとえば「精神病者なので心理的治療には困難が予想される」「境界例者だから，協働的な治療関係を結びにくいことが考えられる」などの記述は一片の真実を捉えているかもしれませんが，事例の個別性を捉えているとはいいにくいでしょう。さらに，③医師や心理療法担当者が治療を進めていく上で参考になると思われる示唆（いわゆる治療への示唆）が得られるなら，これについてもまとめておきたいところです。心理検査は，診察等では得にくい情報を提供することに一つの重要な役割があります。そしてこの情報は，患者固有のものである必要があります。このように考えたとき，教科書に載っている解釈を並べただけの報告書では，その解釈がどれほど科学的で妥当なものであったとしても，その所見は「正しい」けれども，「あまり役に立たない」ものになりかねません。**大切なのは，目の前の患者に特化した所**

見であることです。そのためには，患者がたどってきた経緯，現場の期待や要請，今直面している問題などについて一つひとつ考え，可能な限りこれらにこたえようとつとめることが望ましいと思われます。

　ここでもう一つ付言しておきたいことがあります。本人から心理検査に期待することが聞き取れなかったという事実は，もしかすると主治医が診察で診断に苦労するところと似ている部分があるかもしれません。直接会っているときのBはうつむきがちで，あまり口を開かない人でした。面接や診察で自分自身についてあまり語らない患者は，ある一定数いることでしょう。短い時間や回数で必要な情報を得ることの難しさが，ここにあります。

　しかし，ロールシャッハ法は違いました。たしかに反応数の乏しさは面接や診察での様子を思いおこさせますが，それでも，ロールシャッハ法は，Bの見立てのために役立つ情報をたくさん引きだすことに成功しています。つまり，事例Aと同様に，**診察や面接だけでは把握しにくい点について，ロールシャッハ法は明らかにしている**のです。

　そして心理検査は，診断的理解ばかりでなく，治療への示唆を導き出すことができます。そしてこの点こそ，ロールシャッハ法がもつ強みであり，他の検査では難しいところであると考えています。

第2章 各種心理検査の統合的理解
──心理検査の構造と特徴

　前章では，所見をまとめようとするときにおさえておきたい約束事や基礎的な知識を整理しました。これに続く第2章では，力動的な立場に基づいた心理検査理解について説明したいと思います。というのも，心理検査結果を十分に理解して活かすためには，記号や指標の解釈ばかりでなく，心理検査の特徴と検査結果を分析的（力動的）に理解する視点が有効であると考えられるからです。

　前著で加藤は，継起分析の枠組と考え方，さらに病態水準についての基本知識を詳述しました。ここに，本章は「**心理検査の構造と特徴**」という視点を加えます。すべての心理検査にはそれぞれに特徴があり，これを十分に理解していることが，結果の理解と活用に役立つからです。とりわけ継起分析のように反応を質的に理解しようとするときには，反応が生成される背景や文脈についての理解が不可欠です。そして，心理検査所見をまとめるためのステップ「5. 検査結果の統合的理解」（第1章）をこなすためにも，この検査それぞれの特徴の理解が重要です。つまり，**心理検査の構造的理解は，①心理検査における反応の意味を考える上で重要な視点を提供し，②心理検査バッテリーを組む上での考え方を提供し，各検査から得られた結果を統合的に理解する上で役立ちます。**

　そこで本章では，代表的な心理検査を例にあげて各種検査の特徴を簡単にまとめながら，各種心理検査の中のロールシャッハ法の位置づけについて確認したいと思います。

20 第Ⅰ部 レクチャー

表2 実施方法に基づいた心理検査の分類

種別	検査の一例
① 自己報告式検査	BDI-II, MMPI-3, TEG-3
② 経験に基づく検査	ロールシャッハ法，WAIS-IV，内田クレペリン検査
③ 家族等の報告による検査	Conners 3（保護者用），津守式乳幼児精神発達検査
④ 臨床家の評定による検査	ハミルトンうつ病評価尺度 HAM-D

1. 実施方法による心理検査の分類

　誰がどのように取り組むのかという観点で考えると，心理検査（または測定尺度）をいくつかの種類に分けることができます（表2参照）。

　①自己報告式検査，②経験に基づく検査，③家族等の報告による検査は，多くの心理検査で活用されている形態です。あまり多くの種類はありませんが，④臨床家の評定による検査もあります。

　①には，多くの自己報告式質問紙（たとえば，ベック抑うつ質問票BDI-IIなど）が含まれます。②は，被検者に何らかの課題に取り組むことを求め，その結果を特定の基準で評定しようとするものです。投映法はここに含まれますが，WAISのような知能検査，内田クレペリン検査なども含まれます。表2には書かれていませんが，ウィスコンシンカード分類課題のような神経心理学検査も含まれます。③の心理検査には，たとえばADHD等の診断評価に用いられるConners 3（保護者用）や，乳幼児の発達を母親等に聴取する検査（津守式乳幼児精神発達検査など）があります。

　多くの投映法と同じく，ロールシャッハ法は，②経験に基づく心理検査です。ロールシャッハ図版という10種類の異なる場面を提示したとき，実際に観察された行動（反応）を観察して評定する検査です。ロールシャッハ法が提供するのは曖昧な状況ですから，人によって場面の解釈も行動も異なります。したがって，検査で実際に認められた行動（反応）について，「いったい何をしているのだろうか」「なぜこのような反応になったのだろうか」と考えるのが，経験に基づく検査に共通する検査者の態度です。そしてこの態度が，継起分析の根底にもあります。

第2章　各種心理検査の統合的理解　*21*

　自己報告による検査と経験による検査を組み合わせた検査バッテリーは有効です。**自己報告式検査がとらえるのは，本人の自己イメージ（または本人が知ってもらいたいと思っている自己の一側面）です。これに対して，経験に基づく検査には，本人が意識していない心理的過程も含まれています。**したがってこの両者を比較することで，自己像と現実の行動との同異の検討が可能になります。

2.　心理検査の構造度

　すべての心理検査には，「**構造**」が備わっています。前述のような，誰がどのように検査に回答するのかという決まりは，構造の一つです。検査用紙も構造のうちに含まれます。そしてこの構造の性質は，心理検査によって異なっています。

　心理検査を構造という視点からはじめて考察したのは，精神分析家のDavid Rapaport でした。Rapaport ら（1945/1946）は，心理検査には**構造化された検査と構造度の緩い検査**があると考えました。

　構造化された検査は，検査目的が明瞭でわかりやすいのが特徴的です。知能検査のように正解が決まっていたり，質問紙法のように「はい」「いいえ」の2択，あるいは「非常にそう思う」から「まったくそうは思わない」までの5件法などで，あてはまるところに〇をつけて回答したりします。この種の検査の場合，被検者にある程度の知的能力があれば，質問によって測定される大まかな内容を推察できることがあります。対照的に構造度の緩い検査は，検査目的が曖昧でわかりにくく，検査刺激も曖昧です。そして被検者の回答には正解がなく自由度が高いという特徴もあります。

　この構造度の観点から代表的なパーソナリティ検査を比較したのが，表3（本書 p.22 に掲載）です。

構造化された検査

　構造度が異なることで，被検者の受ける心理的負担に違いが生じてきます。質問紙法などの構造化された心理検査で用いられる刺激素材（つまり

表3　心理検査の構造（深津, 2007 を一部改変）

		ロールシャッハ法	TAT	描画法	PFスタディ	SCT	質問紙法
視覚的に提示される刺激素材		非言語			言語＋非言語	言語	
		インクの染み（不定形／無意味）	人物など（後半は曖昧さが増す）	なし（フルテック描画テストなどの一部例外を除く）	人物と場面（曖昧だが，TATよりも状況限定的）	文章の書きだしのみ	具体的な質問文
検査状況	場所	検査室			検査室とは限らない（検査室を推奨）		
	反応様式	言語（口頭）	言語（口頭）	描画	言語（文章または単語を書く）		項目にチェック
	検査者の関わり	多い	＞	中程度		＞	少ない
反応コントロール		困難	比較的困難	困難	可能		

検査用紙）は具体的な文章で書かれていて，回答者に刺激や負荷を与えすぎないように工夫して作成されています。したがって，たとえば抑うつ傾向をはかる尺度項目にむやみに自殺念慮を刺激するような項目は含まれず，項目数を抑えながらも，しっかりと抑うつ傾向を測定できるように検証が重ねられています。もし不快な設問に出会ったとしても，自分のペースで回答できる質問紙法なら，しばらく回答の手をとめて気持ちの安定をはかることもできます。構造化された検査を受ける被検者は，何をすればいいかがわかりやすいということもあって，総じて，落ち着いて検査に取り組みやすいのです。逆に言えば，もし質問紙法で混乱をもたらすような事態があるとしたら，項目の中に，その人個人にとってかなり重要な（危機的な）意味が含まれている可能性を示します。重篤な病理性，あるいは外傷的体験の可能性を検討する必要があるかもしれません。

構造度の緩い検査

　一方，投映法などの構造度の緩い検査では，何がどのように評定されるのかがわかりにくいため，拠りどころのないような，漠然とした不安にとらわれやすくなります。自分の報告している反応の内容についても回答の仕方についても，「これで大丈夫」という保証がどこにもないのです。

ここがポイント！

○**構造化された検査**
　被検者の目からみて検査目的がわかりやすく，どのように回答すればいいかが明瞭な検査

○**構造度の緩い検査**
　被検者の目に検査目的が分かりにくく，どのような回答がどのように評定されるかが分かりにくい検査

コラム David Rapaport の人生と業績

　David Rapaport（1911–1960）は，心理検査の力動的理解と心理検査バッテリーの考え方に大きな足跡を残しました。

　ブダペストのユダヤ人家庭に生まれた Rapaport は，大学で数学と物理学を学び，その後，心理学と哲学で学位 Ph.D. を取得しました。これとほぼ時期を同じくして，精神分析家の資格も取得しています。

　Rapaport は早熟な臨床家でした。1938 年に米国に移住し，1940 年から精神分析実践と訓練の中心的存在だった Menninger Clinic に勤務しました。名著として知られる Diagnostic Psychological Testing I, II（Gill や Schafer との共著）の公刊が 1945–1946 年ですから，若き Rapaport がいかに優れた実践家であったかがわかります。この本で Rapaport は，ロールシャッハ法による「逸脱言語表現」「距離 distance」など，後世に大きな影響を与える重要な概念を提唱しました。

　その後，1948 年に Austen Riggs Center に移籍します。この頃から，Rapaport は自我心理学の観点に基づいた思考活動研究に専念し，ロールシャッハ研究から離れるようになりました。

　一説によると，Rapaport は分析家の資格を取得したものの精神分析は実践せず，思考理論の構築に関心を寄せていたと言われています。いずれにしても，Rapaport が心理検査の研究に携わったのはごく短い期間だけでした。それでも，Rapaport が Menninger に残した実践は Menninger tradition と呼ばれ，今も世界中の臨床家に受け継がれています。

　Rapaport は，まるで駆け抜けるようにしてこの世を去っていきました。子どものときからリウマチ性の心臓疾患に悩まされていましたが，1960 年に心臓発作で亡くなっています。享年 49 歳でした（Hermann Rorschach が 37 歳で逝去したことが思いおこされます）。

たとえば，Ⅰ図「こうもり」は平凡反応に指定されるほどに一般的な反応です。しかし被検者によっては，「ここが羽，ここが胴体……でもこんなこうもりがいるかどうかわからないし……自分はコウモリをそんなにしっかり見たこともないし……他の人はどう答えるんでしょうか」など，不安や自信のなさが言葉にされることもあります。見本や他者の例がないために，図版に見えたものをどう理解すればいいのか，自分が見たものを検査者にどこまでどのように伝えるのが適切であるのかなど，判断基準は曖昧で手探りになりやすく，このために被検者の普段の様子（特に不安になったときのありさま）が見えやすいといわれています。

　もっとも，この点は投映法によって少しずつ異なっています。PF スタディや SCT では反応を筆記するように求められます。文章で書くために論理的思考が求められ，また，自分の書いたものが目の前に見えることもあって，読み手に分かりやすく伝えようという意識が働きやすくなります。結果として反応はまとまりをもちやすく，回答している被検者も不安や動揺に巻きこまれにくいでしょう。これらの検査は，構造度が緩いといわれる数々の投映法の中で，相対的には構造化されている検査と言ってもいいでしょう。

　TAT やロールシャッハ法などの対面による検査では，反応のコントロールはかなり難しくなります。また，一度口にした言葉をなかったことにはできず，不安や動揺がそのまま検査者に見えやすいという特徴もあります。ロールシャッハ法の場合は，無意味なインクの染みが刺激素材として用いられるばかりでなく，反応は（TAT などのように，必ずしも文章を構成する必要もなく）単語だけで回答することもできるので，より未分化で退行した状態になりやすい設定を備えています。これらの検査は，構造度の緩い検査として知られています。

描画法について

　最後に，描画法についても少し触れておきましょう。臨床現場で頻繁に活用され，被検者の姿を生き生きと描き出すことで知られる描画法も，表3 に含めています。しかしこの描画法は，検査刺激がほとんどない（多くの場合は白色画用紙しかない）という点で，これ以外の心理検査と横並び

26 第Ⅰ部　レクチャー

に考えることが難しく，独特な位置を占める検査法として考えられます。

　原則として，被検者は「（視覚）刺激に反応して」描画するわけではありません。投映法は，曖昧な刺激に投映された内的世界を読み取ろうとする検査です。刺激が明確なほど，反応に含まれる投映量は減ることが予想されますが（典型例は質問紙で，文章を本人なりに解釈したり投映が含まれる余地をできるだけ減らすことで，客観的な分析が可能になっています），一方，刺激が曖昧すぎても，投映法として活用しにくくなると言われています。投映にバリエーションが多くなりすぎたり，逆に反応を考えるのが難しくなって，反応や描画の「一般的な傾向」と「ほどよいばらつき」のどちらか（または両方）が犠牲になってしまうのです。

　描画法はこれ以外の心理検査に比べて視覚刺激が少ないためでしょうか，たった一枚の絵に被検者本人の姿がありありと描き出されるようなものがあり，非常に興味を惹かれます。その一方で，投映量が少なく，あまり多くの情報が得られないような描画も散見されるようです。

3.　心理検査ごとの性質の違いと結果の現れ方

　性質や構造度の異なる心理検査を組み合わせることで，被検者の多様な側面をとらえることが期待できます。

　質問紙やSCTのように本人が自分の経験や機能について振り返って回答する検査は，**自己帰属検査**と呼ばれます。投映法のように曖昧な刺激に意味を与える検査は，**刺激帰属検査**です（Bornstein, 2006）。前者は内省に基づく検査なので，意識を内に向けて自己点検作業を進めることで回答が得られます。後者は投映に基づく検査なので，自己の内面が外に向かって映し出されます。両者で求められるこころの働き方が違うので，映し出される内容や機能には違いが生まれやすくなります。

　質問紙法のように意識に近い領域を焦点にした心理検査や，SCTのような文章で記述してもらう投映法検査には，本人が自分をどのように理解しているのかが映し出されます。「どのようにみてもらいたいか」が反映されている場合もあるでしょう。

第2章　各種心理検査の統合的理解　*27*

ここがポイント！

○ **自己帰属検査**
　本人が自分について振り返って回答する心理検査
　（内省に基づいた自己点検作業）

○ **刺激帰属検査**
　曖昧な刺激に何かしらの意味を見出す心理検査
　（外界の刺激に向かって内面が映し出される作業）

　具体例を通して少し考えてみましょう。質問紙に回答するとき，「集団や組織の中では，リーダーのような役割を果たすことが多い」という文章に対して，日頃からそのようにありたいと思っている人は，実際に役割を果たしていなくても「はい」の選択肢を選ぶかもしれません。同じように，「自分の感情コントロールに苦労することが多い」という設問に対して，今の自分が大変な状況にあることを分かってほしいと思っている人は，たとえ感情コントロールに苦労した場面が思い浮かんでいなくても，とっさに「はい」と答えるかもしれません。自分自身をよく見せたい人は，「いいえ」と答えるかもしれません。このように，自己帰属検査の結果には，本人の願望に彩られた内省が表現されている場合もあります。このような自己帰属検査結果を，刺激帰属検査のような本人の自覚していない側面に敏感な検査と組み合わせることで，自己認識の適切さやズレの程度を検討できるでしょう。

　また，言語による検査と非言語検査の併用も有益です。言語による心理検査は，言語性知能の影響をある程度受けることが知られているので，言語に拠らない検査を用いると，また違った側面が現れるかもしれません。

　そして，非言語検査の代表例としての描画法には，単に非言語であるというだけでなく，構成法としての側面をもつものもあります。ロールシャッハ法などのように，図版刺激が与えられる場合とは違って，風景構成法などの構成法では，大部分の「刺激」は被検者のこころの中に存在していることになります。しかも，このこころの内容物の投影としての描画アイテムを「構成／統合」することが求められるのです。そのため，こころの

28　第Ⅰ部　レクチャー

中に内在化されている対象，つまり内的対象がたった一枚の絵に鮮やかに描き出されることもあるわけです。

4．心理検査の構造度と病態水準

こうして**構造度をはじめとして，異なる性質の検査を組み合わせることで，病態水準の大まかな理解を手にすることができる**と考えられています。

神経症水準の人たちは，**検査の構造度にかかわらず，一貫したその人らしさを示すことが少なくない**ようです。**神経症水準の重要な特徴は，（不安や抑うつを感じないのではなく）不安やさまざまな陰性情動を感じ，葛藤し，そして回復する姿が見える**点にあります。この葛藤と回復の道筋に，いわゆるパーソナリティ傾向が反映されています。たとえばヒステリー傾向の強い人であれば，否認（辛いことはなかったことにする）と美化（美しいものや素敵なものであふれた世界に身をおこうとする）を多用するかもしれません。強迫傾向の強い人なら，感情を排除して合理的に考える作業に徹することが推測されます。このように，**一貫したその人らしさが，ある程度の揺らぎとともに各種心理検査に認められると（このような「ある程度の揺れ動き」があることも重要です），神経症水準のパーソナリティ傾向を指摘できる**と思います。

対照的に，**構造化された検査ではまとまりをもっていた人が，構造度の緩い検査では現実検討能力の問題をあらわにしたり，悪意に満ちた陰惨なテーマで反応をまとめあげようとするときには，境界例水準の病態が疑われる**ことがあります。

たとえばSCTや質問紙法上にはまとまりがあり，自分をよく振り返りながら前向きに考えようとしているように見えても，同じ人がロールシャッハ法では陰惨な内容を繰り返し報告することがあります。境界例水準の人のロールシャッハ法は，典型的には悪意や被害者意識に満ちていて，陰惨さや残虐さを言いつのるような雰囲気があります。

これを現実場面に置き換えて考えるなら，役割のはっきりした場面や人間関係であれば落ち着いていられるけれど，行動基準が明確に決められて

いないような，曖昧で自由度の高い場面では，混乱したり強い感情体験に巻きこまれすぎたりする（たとえば，些細なことから被害者意識を強くもちやすい）ということかもしれません。学校で授業を聴講している場面や，グループ作業をしている程度なら，何も変わったところは目立たないかもしれません。しかしこれが，サークル活動になり，プライベートの人間関係になり，さらに恋愛関係になると，徐々に個人の衝動願望がみえやすくなります。このとき，役割の明確な関係の中で見せていた姿とは大きく異なる様子が観察されるということが予想されます。

　精神病水準にもっとも特徴的なのは，思考や感情の障害，つまり自我機能の障害です。事例によって異なりますが，論理的な思考活動を維持できないほどに病理に圧倒されているため，投映法には思考活動の障害が認められる場合があります。「思考活動」というと言語に表現される病理を思い浮かべやすいかもしれませんが，精神病者の描画にもこの病理を認めることがあります。

　たとえば，風景構成法などのアイテムを構成して仕上げることが求められる検査で，アイテムをただ並べて描くことしかできない例（羅列型）があります。自我の統合機能に障害があるために生じる現象と考えられています。あるいは不気味な雰囲気の全裸の人物像が描かれたり，大きさや生き物の属性の面で大きく矛盾した絵（たとえば，アイテム間の大きさの極端な矛盾，「踊る花」などのあり得ない属性が含まれる，など）が描かれることがあります。

　さらに，一般的には退行促進要因の少ない構造化された検査，たとえば知能検査にも思考活動の障害を確認できることがあります。

　Weiner（1966）は，WAIS の下位検査である「類似」に，しばしば統合失調症者の概念思考の問題が反映されることを指摘しています（表 4 参照）。この現象は，正常者に期待されるような適度な抽象化とも，脳損傷者や精神病的な抑うつ者の示す具体的な傾向の誤りとも異なった，統合失調症者に特徴的な解答として知られています。

　このように，心理検査を構造度という観点でとらえることで，心理検査バッテリーを組み立てるときの一つの視点を得ることができるとともに，各検査の結果を統合的にとらえて，被検者をより立体的に考える素材を得ることができると考えられています。

30　第Ⅰ部　レクチャー

表4　WAIS「類似」における統合失調症者の解答例（Weiner, 1966 より一部抜粋）

問題	過度に具体的な解答	過度に抽象的な解答
北 - 西	森林地がある，寒くなる	地図製作者の用語，自分自身の方向を定める手段
卵 - 種	たべられる，同じ形をしている	胚種細胞です，種族を発生させる，起源
材木 - アルコール	木から取れる	有益な化合物，化学原料
蠅 - 木	分かれた部分である，分泌する	神様が造ったもの，われわれの世界の空間を占めている

ここがポイント！

　構造度の異なる検査を組み合わせることで，病態水準を考える上でのヒントを得られることがある

○ **神経症水準**
　検査上に一貫したパーソナリティ傾向（不安と防衛についての一貫した傾向）が認められる

○ **境界例水準**
　構造度の違いによって反応から受ける印象が異なる（SCT などの構造化された検査では落ち着いてまとまりのある記述だが，ロールシャッハ法などの構造度の緩い検査では，悪意に満ちたおどろおどろしい反応が認められる，など）

○ **精神病水準**
　自我障害（典型例としては，構造度の緩い検査における思考障害）が認められる

コラム　心理検査バッテリー

　単一の心理検査で，被検者のパーソナリティ像や病態水準を論じることは危険です。そこで心理検査バッテリーが必要になるのですが，このバッテリーの組み方に「正解」はありません。ただし，構造の違いを考慮した組み合わせは有効です。

　私たちは，ロールシャッハ法を中心にバッテリーを組んでいます。加えて，この検査は本人が気づいていない側面に強い検査なので，本人が自分についてどのように語るのかを知るために SCT を併用するようにしています。もっとも，この組み合わせが「万能」というわけでもありません。

　どの検査が，被検者の心にまっすぐ届くのかはわかりません。何かしらの理由で，質問紙に正直に答えられなかったり，投映法に警戒的になることもあります。大切なのは，構造や表現媒体の異なる検査を組み合わせることかもしれません。たとえば私は，医師との診察でも硬い様子を崩さず，ロールシャッハ法上でも警戒的で形態反応ばかりだった被検者が，虐待体験を問う質問紙に率直に回答したことで，それまで全く考慮されていなかった「外傷」という重要な鍵を手にしたことがあります。あるいは，抑うつ状態で受診した患者が，ロールシャッハ法上にも SCT 上にもあまり明瞭な傾向を示さなかったのに，風景構成法には妄想的な世界を明らかにした，ということもありました。

　もう一つ覚えておきたいのは，できれば得意な（または好きな）投映法を用意しておきたいということです。一つの検査に習熟している臨床家は，別の検査や臨床面接にもこれを応用できるようです。幅広い検査に馴染むことも必要ですが，一つの検査の経験を深めることで，不思議と，使える検査の幅が広がっていくようなのです。そして，特定の心理検査に馴染んでこれに習熟することで臨床家としての目が養われ，さらにその先に，「自分なりの臨床家」の確立が開かれていくとさえ言えるかもしれません。

第3章　ロールシャッハ法の特徴と構造

　本章では，ロールシャッハ法の特徴について検討したいと思います。

　ご承知の通り，ロールシャッハ法には，片口法，馬場法，CS，R-PAS，名大法，阪大法などの体系があります。それぞれが独自の記号と指標をもち，解釈方法を洗練させてきました。このような実施と解釈の方法がいくつも並存している状況には，この検査を世に送り出した Hermann Rorschach がロールシャッハ体系を完成させる前に早逝したことが大きく影響しているといわれますが，この検査の構造度の緩さも影響しているかもしれません。検査構造が曖昧なので，何通りもの理解の道筋（スコアや解釈の枠組）が考えられるからです。

　それでも，すべてのロールシャッハ体系は3つの特徴を共有しています。この検査は，①ロールシャッハ図版（適度に曖昧なインクブロット）を用いること，②反応段階と質問段階から構成されていること[注5]，③検査者と被検者の対人関係のもとに行われていること，です。これらの重要な特徴が，ロールシャッハ法の構造として機能しています。この3つの特徴について詳細に検討することで，ロールシャッハ法が提供する課題，言い換えると「ロールシャッハ状況」の性質が明らかになります。ロールシャッハ状況が十分に理解できると，「どうしてこんな反応が出てきたのだろう」という疑問に対する回答を考えられるようになります。**つまり，ロールシャッハ状況についての理解を手にするということは，反応の意味と，反応から反応への推移の意味を理解するために必要な情報を得ることを意味し**

注5）ただし，「反応段階」「質問段階」という名称が共通して用いられているわけではなく，ロールシャッハ体系によって異なる場合があります。また，現在主に活用されているロールシャッハ体系では，10枚の図版を通して反応段階を実施してから質問段階に移りますが，かつての Rapaport 法では，図版ごとに反応段階と質問段階を実施していました。

ます。**継起分析は，このロールシャッハ状況についての十分な知識と理解のもとに成立しています。**

　本章では，Rapaport ら（1945/1946）にはじまり，小此木・馬場（1989），馬場（1990），餅田他（1990），北村（2018）などに引き継がれてきた議論を下地にしながら，私なりの視点も加えつつ，このロールシャッハ状況について考えてみたいと思います。

1. ロールシャッハ図版

　ロールシャッハ法では，10 枚の図版を被検者に提示して見えるものを報告してもらいます。Beck（1944）はこれを自由連想段階 Free Association Period と呼び，片口（1987）は自由反応段階 Performance Proper と名づけました。「自由連想／反応」というと精神分析が連想されますが，精神分析と大きく異なるのがこの図版の存在です。

　ロールシャッハ法では，図版という客観的対象の知覚作業が求められています。しかし刺激図版の曖昧さなどの理由から，ただ客観的に見るだけではないこころの働きも要求されます。この両者が混在しているために，一般に，この検査は投映法の一つに位置づけられています。

客観的現実としての図版

　精神分析では，被分析者はカウチに横になって（面接者についての視覚的情報などの客観的な刺激がほとんどない状態で）連想することが求められます。対照的にロールシャッハ法では，図版を無視して連想することは期待されていません。しかも質問段階になると，自分の反応を検査者に説明しなければならなくなります。知覚の検査であるロールシャッハ法にとって，図版は欠かすことのできない条件であり，客観的現実の一つです。

　そして知覚対象としての図版という存在は，別の現実をもたらしています。各図版には，報告されやすい一般的な反応があることが知られています。また，知覚の検査という特徴は，この検査で得られる反応に認知発達の程度が影響を及ぼす可能性を示唆しています。

もっと知りたい！🔍

Question：「ロールシャッハ法は投映法ではない」と聞いたことがあります。本当でしょうか？

Answer：

　ロールシャッハ法を投映法の一つに分類するかどうかについては，体系によって見解が分かれています。

　片口法，馬場法，名大法，阪大法などは，この検査を投映法として位置づけていることでしょう。馬場法では，ロールシャッハ状況における被検者の言語非言語のすべてが，解釈の素材になりうると考えています。つまり，あらゆる行動に「その人らしさ」が現れたり投影が含まれている可能性が想定されています。

　一方，CS と R-PAS は，すべてのロールシャッハ反応に投影が含まれているわけではないと考え，ロールシャッハ法を「問題解決課題」と位置づけました。

　おそらくこの点で，馬場法と，CS や R-PAS は対照的です。結果として，馬場法ではすべての反応語の質的な吟味（継起分析）を重視します。手間がかかりますが，細やかな分析が可能です。

　これに対して，CS や R-PAS では，一定のコードが付された一部の反応に限定して反応語を検討するのが原則です。この限定によって，客観的で効率的な分析を手にしていると言えるでしょう。とりわけ欧米におけるロールシャッハ法の復権には，実証的な裏づけに基づいた客観的な分析が大きく寄与していると言われています。

第3章　ロールシャッハ法の特徴と構造　35

　反応領域を例にとると，一般に，幼い子どもはインクブロットを漠然ととらえる（たとえば図版全体を「雲」と見る）ために，W％が高くなりやすいようです。また，W％と子どもの年齢にあまり相関がないように見えるデータがある一方で（松本，2003; Exner & Weiner, 1995など），W％が発達に伴って推移すると指摘する研究者もいます（Hemmendinger, 1953; Meli-Dworetzki, 1956など）。小沢（1970）や辻（1997）は，就学年齢あたりからD反応が増えはじめて小学校低学年あたりでW％の低値を示し，これ以降の年齢になると統合的な全体反応が増加していくことを指摘しています。これは，就学相当年齢で外界を分析的にとらえられるようになり，小学校中学年相当から統合的な体験が育っていくという発達傾向を示す結果です。ただし研究データによって違いがあるので，発達年齢とW％の相関関係についてはっきりしたことをいうのは控えておいた方がよいかもしれません。

　図版という客観的現実がどのように扱われているのかを精査することで，被検者の現実への対応の仕方が見えてきます。もし成人データに漠然とした全体反応が多くあるなら，幼い水準の認知を働かせていることになります（これは，いわゆる知的能力と同一ではありません）。見た目は大人でも，ときに小さな子どものように世界を見て体験しているということです。あるいは一般的な知覚があまりにも少なかったり，ひどく歪曲された知覚が認められる場合，その人は，現実場面においても人と違った受け取り方をしている可能性が強く示唆されます。たとえば心理療法で面接者が発した言葉が，意図したものとはだいぶ違って受け取られるかもしれません。「それは大変でしたね」という面接者の言葉が「この先生は自分のつらさをわかろうとしている」「私が言いたかったこととは違う」ではなく，たとえば「馬鹿にされた」「優しい言葉をかけて様子をうかがおうとしているらしい」などと受け取られるかもしれない，ということです。

中間領域としての図版
　ロールシャッハ法は知覚の検査で客観的現実を無視できない検査でありながら，同時に投映法（あるいは投映法の要素を含めもつ検査）でもある

のが面白いところです。

　被検者はインクブロットを知覚しながら，記憶の内にある何かと照合しながら反応を選びます。これは，「見立て」や「遊び」と似ています。図版がインクブロットに過ぎないことを承知の上で，何か別のものに見立てるという課題が求められているからです。客観的現実としてのインクブロットの知覚と，ここから想起された記憶像との間の違いを許容しながらできあがったのが，ロールシャッハ反応です。このとき，反応は客観的現実としてのインクブロットだけでもなく，主観的現実だけでもなく，その中間領域から生まれています。ロールシャッハ法で用いられる図版が，適度に曖昧だからこそ，この中間領域が生じうるのです。

　ロールシャッハ法が投映法としてなりたつためには，被験者のこころの世界で，この中間領域が機能している必要があります。ある程度の象徴機能が育つ以前の幼い子どもや，重篤な精神病者や器質性精神病者の中には，この中間領域が十分に機能していないために，いわゆる「ロールシャッハ課題」が成立しない例が認められます。こうなるとロールシャッハ法は，単なる認知や記憶の検査になります。客観的現実としてのインクブロットに具象的にしばられると，反応は「インクの染み」「赤」「黒」としか言いようがなくなります。

　ロールシャッハ法で求められているのは，客観的現実に寄り添いながら，中間領域での遊びをつづけていくという作業です。現実と空想のバランスが求められています。このことを，Rapaport は距離 distance という概念を使って説明しようとしました。この考え方をもっていると，精神病者のアセスメントなどに役立つ場合がたくさんあるように思います。

第3章　ロールシャッハ法の特徴と構造　37

ここがポイント！

□ロールシャッハ状況において，図版は大きく2つの役割を果たしている

○ **客観的現実としての図版**
適度な曖昧さのある客観的図版があるために，発達段階等による共通知
覚を想定できる。共通性がわかることで，個人特有の投影を浮き彫りに
できる

○ **中間領域としての図版**
検査者と被検者の間に図版（と反応）という媒体がおかれることで，心
理療法に比べて，自分自身を直接開示するというニュアンスが和らぎや
すい（投映を惹起しやすい）

もっと知りたい！ 🔍

Question：Rapaport の距離の概念って何でしょうか？

Answer：

Rapaport は，統合失調症者のロールシャッハ反応に病理的な言語表現が多くみられることに注目しました。Rapaport によれば，統合失調症者には，インクブロットの属性を無視したり（距離の増大），インクブロットを変えることのできない現実表象としてとらえる（距離の喪失）などの特徴が認められます。そしてこれを基本にして，ロールシャッハ反応に病理的な思考の現われとしての「逸脱言語表現」が生じると考えました。

この「距離」は，逸脱言語表現や思考障害を説明するための重要な概念として高く評価されました。その一方で，概念が曖昧で分かりにくいという問題点も指摘されました。

片口（1987）は，この Rapaport の距離を「認知的距離」と「体験的距離」に分けて考えることを提唱しました。前者は，インクブロットと反応間の距離です。また後者は，反応に対して被検者がもつ「現実感」「逼迫感」「ゆとり」「遊び」などを指すと考えられました（たとえば，「これはこうもりに見えます」の体験的距離は適切ですが，「こうもりが私に襲いかかろうとしています」だと，体験的距離の喪失が認められます）。

片口は，認知的距離と体験的距離を組み合わせて考えることの意義を主張しています。たとえば，認知的距離の極端な増大と喪失は「ともに逸脱的で分裂病的」ですが，このとき「体験的距離の喪失はその病的可能性を一層強め，増大はその可能性を弱める」と述べています（片口，1989，p.275）。

第3章　ロールシャッハ法の特徴と構造　*39*

> ## コラム　『アルジャーノンに花束を』とロールシャッハ法①
>
> 　ダニエル・キイス著『アルジャーノンに花束を』には，知的な障害を
> もつチャーリーが，「天才になるための手術」を受ける前と後にロール
> シャッハ法を受ける場面が描かれています。小説という架空の設定であ
> りながら，ロールシャッハ課題の特徴がわかりやすく描かれているので，
> 本文を少し引用してみましょう。まずは術前の検査です。
>
> 　　けえかほうこく２　３がつ４日
>
> 　　それからバートわこのかーどになにが見えるかといった。（略）白
> 　いかーどにいんくがこぼれているのが見えますとバートにいった。
> 　バートわそうですかといてにこにこしたので気ぶんがよかった。バ
> 　ートはどんどんかーどをめくっていくのでだれかがぜんぶに赤や黒
> 　のいんくをこぼしたんだなとぼくわいった。（小尾訳 p.8–9）
>
> 　この時点のチャーリーには，「ロールシャッハ課題」が成立していま
> せん。インクブロットとしての図版は「インクの染み」以上のものでは
> なく，あくまでも具象的現実のままです。これを何かに見立てる（たと
> えばコウモリに見立てる）ためには，図版が中間領域として体験される
> 必要があるのでしょう。また，この段階のチャーリーの反応は，ブロッ
> ト−反応間の距離を極端に失っている例として考えられるでしょう。

コラム 『アルジャーノンに花束を』とロールシャッハ法②

　次に，術後，知的能力が向上しつつあるチャーリーがロールシャッハ法を受けている様子を見てみましょう。手術から１カ月強が経過した頃です。

　　　経過報告９　四月一八日
　　　ロールシャッハというものがわかった。（略）ありもしないものを
　　　探すようなばかかどうかためすためのトリックかもしれない。そう
　　　考えたら腹が立ってきた。（略）カードをゆっくりめくっていった。
　　　二匹のこうもりが引っぱりっこをしている。二人の男が剣でたたか
　　　っている。ぼくはいろいろなものを想像した。（略）それにしても
　　　こんなテストは意味がない。（小尾訳 p.65–68）

　前回とはかなり変わって，「何に見えるか」という課題が成立していることがわかります。そればかりか，知覚の同定作業を越えて，検査への警戒心や攻撃と競争のテーマも投影されています。
　この小説に見るように，極端に知的能力が制限されていたり，器質的な問題が明瞭な場合，ロールシャッハ法は投映法として成立しないことが考えられます。この検査に投影がうまれるためには，ある程度の認知能力の発達が必要なのです（もっとも，術前のチャーリーの反応にも「誰かがインクをこぼした」という空想が含まれていました。もしかするとここには，著者キイスが感じる，障害をもつ者の無力感と儚さが投影されているのかもしれません）。

2. 反応段階と質問段階

　反応段階と質問段階は，図版や反応への関与という点で，それぞれ対照的な性質をもっています。そしてこの関与の違いが被検者の反応や行動にどのような影響を及ぼしているのかという視点をもつことで，見立てにおける大切な情報を得られる場合があります。

　まず反応段階について考えてみましょう。被検者は，図版を提示されながら「何に見えるでしょうか」と問われます。このとき被検者が行うのは，インクブロットを視覚的に探索するという能動的な認知作業です。すると，たとえば，ブロットの一部（または全体）に，こうもりの一部（または全体）と類似した特徴があることに気づきます。そしてこの時点で（または類似した特徴がいくつか重なって見えた時点で），「こうもりに見えます」と言語化されることでしょう。

　しかし多くの場合に私たちが自覚しているのは，インクブロットを精査して吟味するという能動的な認知作業だけでなく（あるいは，能動的な認知作業「というよりも」と言った方が適切な場合があるかもしれませんが），ある時点で「あ，これはコウモリだ！」と気づくという体験です。この体験は直観的であることが多く，また，不意に訪れる体験として，受動的に体験されることが少なくないように思われます。

　どうやら，曖昧な形態を知覚しようとするとき，私たちは「これは何だろう」と吟味する能動的な体験とあわせて，不意にそれに見えてくるという受動的な体験をもつようです。心理検査とは違いますが，似たような体験例として，哲学者 Wittgenstein による「ウサギ - アヒルの図」を参照いただくとよいかもしれません（図1参照）。この図は，知らない人が見ると，最初はアヒルかウサギのどちらか一方しか見えないことが少なくありません。もう一方の図に見える瞬間は，不意に訪れてくるのです（Wittgenstein は，これを「アスペクトの転換」と呼びました）。このときの「あ，見えた！」という体験は，ウサギ - アヒルの図を「どう見たらいいのだろう」としげしげと見つめている能動的な体験とは対照的に，受動的なものと言えそうです。

図1 ウサギ・アヒルの図（著者による模写）

　つまり「コウモリに見えます」という反応の言語化に達するまでに，反応段階では，インクブロットの知覚的探索や記憶との照合という能動的作業に加えて，ときに急速に体験される受動的な認知体験が含まれています。こうした知覚体験は，上述の「中間領域としての図版」と同じように，この検査に特徴的な性質であると思います。
　次に，質問段階では「あなたが見たように私も見たいので，もう少し教えてください」などと教示されます。これは，反応段階に比べるとかなり能動的な作業です。一度，受動的に見た（見えた）反応について，もう一度確認して吟味するという作業が要求されています。反応段階に比べて，能動性が問われるだけに，言語化を含む意識的作業が多くなります。
　受動的に見えてきた反応を報告するだけの反応段階なら問題なくこなせたとしても，反応を自分の体験として引き受け，自分とは異なる体験をもつ他者に説明するという作業には，自分の体験をメタ認知によって捉えなおす力が必要とされます。このとき，被検者には，自分の知覚体験が他者と同じとは限らないという他者性の理解と獲得が必要とされ，検査者に説明した知覚体験が，検査者に伝わっているかどうかについて，ほどよく気にしたりできるかどうかも問われます（これらの点は，次の「対人関係場面としてのロールシャッハ法」にも関わっています）。

もっと知りたい！

Question: 研修会で事例を提出したら，質問段階で「ここは聞きすぎ」「ここはもっと聞かないと」と言われてしまいました。適切なInquiry はどのようなものなのでしょうか。

Answer:

　何をどこまで聞くのかは，ロールシャッハ体系によって異なります。

　片口法の場合，検査者が被検者の反応を同じように見ることができるか判断する必要があります。したがって「どこに」「どのように」などのスコアに必要な情報を尋ねるばかりでなく，たとえば「富士山らしいと思ったのはどのようなところからでしょうか」など，「らしさ」について尋ねることがあります。一方で，「二人が向かいあっていると言われましたが，この二人の性別はどうでしょうか」までいくと，聞きすぎです。これを聞かれたことで，性別について新たに考えるきっかけになるかもしれないからです。

　包括システムの質疑は，コードに必要なものに限定されています。「らしさ」を尋ねることはしません。聞かなすぎるよりも，聞きすぎることを回避しています。

　しばしば問題になるのが，思考障害が疑われるような曖昧な反応です。曖昧な表現の裏に，知覚の障害（複数の知覚の融合など），論理の破綻（自閉的論理など）がないかどうか，十分に注意が必要です。

　したがって，適切なInquiry ができるようになるためには，自分の使うロールシャッハ体系の正確な知識が必要ですが，知覚と思考の障害を中心にした精神医学の知識も必要とされることが少なくありません。そして，ロールシャッハ法上に現れやすい，各種の思考障害の典型例が頭に入っていると有益です（Kleiger 著『思考活動の障害とロールシャッハ法』（馬場監訳，2010）などが参考になります）。

44　第Ⅰ部　レクチャー

　こうして異なる水準の機能が求められる二つの段階が含まれることで，被検者の自我機能には，多様な対応が求められていると言えます。この二つの水準をこなせない一例を，精神病者や自閉的傾向の強い人に認めることができます。自分の知覚を自分の体験として能動的に捉えることが難しいと，「～のように見える」という能動と受動の混ざった体験にはならず，「コウモリ以外にはない」という決めつけ（自閉的論理に基づいた具象的反応）になってしまいます。図版という外的世界が決定権を担っていて，被検者本人に体験の取捨選択や判断がなくなり，自我の対応が形骸化しているような状態です。

　あるいは，反応段階で「直観的に見えたもの」を，改めて吟味して説明するという作業に強い戸惑いを感じる人もいます。「そんなつもりではなかった」「最初からそう言ってくれたらよかったのに」などという主張が聞かれる場合もあります。これは，世界を漠然と体験して自我機能による吟味が十分になされない人（たとえば，目の前のものを直観的にあるいは思いこみで把握して判断しやすいために，対人関係で齟齬や誤解を生じやすい人など）に生じることがあります。あるいは，ナルシシズムに問題があって，他者から指摘されたり本人が思いもしなかったことがあると傷つきやすい人にも，同じようなことがあるかもしれません。

3.　対人関係場面としてのロールシャッハ法

　ロールシャッハ法が対人関係場面であることで，中間領域としての課題の性質が，より一層鮮明になっていると考えられます。

　大多数の心理療法で，面接者とクライエントは顔をあわせて行われます。そして，クライエントは自分について面接者に向かって話します。これに対してロールシャッハ法では，心理療法に比べると関わりが間接的です。ロールシャッハ法で被検者が話すのは，主訴や日常の経験ではなく知覚体験です。また心理療法に比べて「～に向かって話す」という程度が弱くなっています。あえていえば，被検者は図版を見ながら反応を報告することがほとんどなので，「検査者に向かって」というよりも「図版に向かって

（または図版を通して検査者に向かって）」話しています。

　検査者と被検者の間に図版やロールシャッハ反応が置かれることで，被検者は自分の体験を話しやすくなるところがあります。そしてこの中間領域が投映の担い手になっているので，気づかないうちに自分自身を多くひらくきっかけになることが期待されます。

　中間領域としての対人関係は曖昧なので，検査態度の中に検査者との関係性が色濃くにじみ出てくることがあります。一方，検査者との距離を維持して，独り言のように話していることもあります。もっとも，距離を維持するという態度も一つの対人関係の持ち方ですから，いずれにしても関わり方が見えやすい検査であるといえるかもしれません。

　たとえば，検査者に従順で受身的な態度の目立つ人もいるでしょう。図版は渡されたままで，回転することを思いつきもしないかもしれませんし，Ⅰ図で思いつく反応を一つ報告したら，検査者が何かを言うのをずっと待っているかもしれません。あるいは自分とあまり年の変わらないように見える検査者を相手に競争心が刺激されて，自分の有能性を強調したくなるかもしれません。女性の検査者を前にした男性被検者から，性愛的な反応が報告されるかもしれません。これらはすべて，図版刺激だけではなく，検査者という存在や関係性にも刺激された反応や態度であると考えられそうです。

　このような検査者に向けられる被検者の態度や空想に加えて，検査者が被検者に抱く感情や空想もあります。広い意味での逆転移といっていいでしょう。特定のタイプの被検者に緊張を覚えることがあるかもしれません。被検者の発話を懸命に書いている検査者の様子を気に留めず，自分のペースでどんどんしゃべっていく様子に，戸惑ったりいらだったりすることがあるかもしれません。このような関係性から生じた感情も，被検者理解に役立つ場合があります。

　また，ロールシャッハ法をめぐる対人関係は検査者と被検者（とその間の図版）に限られているわけではありません。特に医療現場でロールシャッハ法を実施する場合，依頼者としての主治医がいます（そしてこの点は，多くの治療面接でも同様です）。このことはつまり，**検査者がクライエントと心理検査という作業に臨む前に，クライエントには主治医との関わり**

があり，この主治医からの説明によって，クライエントは心理検査に何かしらの空想や感情をもっているといえます。たらいまわしにされたと感じる人がいるかもしれませんし，知りたいことが何でもわかるという万能的な期待を持っている人がいるかもしれません。これらの空想や感情のきっかけは主治医からの説明と導入かもしれませんが，同じ説明を受けていても受け取り方は人それぞれであり，意味づけや空想には，クライエントがもともともっている対象関係が色濃く反映されています。

　関係性に注目するという視点が事例理解にとって重要なのは，**この視点から得られる情報が類推によるものではなく，実際に検査者と被検者の間に生じたものだから**です。当然のことながら，実際の観察データに基づく所見には，説得力があるのです。

【事例C】

　ここまで学んできたことについて，20代の女性サイコロジストにロールシャッハ法を受けている30代男性の事例Cを通して考えてみましょう。この男性は，Ⅰ図で最初に「悪魔の顔」という反応を報告しました。質問段階の問いかけに対して，Cは，「見たままです」としか語らなかったので，検査者は「私にもわかるように教えてもらえませんか」と尋ねました。するとCは「だから，ここが目で口ですよ」と答えました。

　この場面をどのように理解できるでしょうか。Cは，そもそも検査を受けることに不安が強かった（あまり気乗りしなかった）のかもしれません。「悪魔の顔」という反応内容には，内面を覗き見られることについての被害的な意味づけも見受けられます。そしてこのような心情にあるとき，検査者から「私に内的体験を教えて」と言われると説明したくなくなるだけでなく，「だから」という言葉に端的にあらわれているように，自分はやるべきことをやっているのだから，あなたはわかって当然ではないかといういらだちが隠されているのかもしれません。さらに，Cが男性であり検査者が若い女性であるという関係性が，Cのいら立ちの表出を後押しした可能性があるかもしれません。

第3章　ロールシャッハ法の特徴と構造　47

コラム　心理検査における関係性の視点

　ロールシャッハ法のように構造度の緩い心理検査には，反応の中に被検者の内的対象関係が投影されたり，検査者とのやりとりから実際の治療場面での関係性を読みとくための材料を得やすいという特徴があります。

　しかし，知能検査のような構造化された検査であっても，検査者が一定の関わりや質問をする検査の場合には，検査者と被検者との関係性に注目する視点が有益な場合があります。

　たとえば，WAIS-IV「類似」「理解」では，設問ごとに必要性を判断しながら，検査者が被検者に追加説明を求めることがあります。これは標準的な施行方法であり，正確な実施と結果判定のために必須の手続きです。この検査者からの介入を活用して，より高い得点を獲得できる被検者がいる一方で，たとえば「そのことについてもう少し話して下さい」と問われたことで，「自分の答えは間違っているのだろうか」と不安を強くして，本来の能力を十分に発揮できない被検者がいるかもしれません。後者の場合は，もしかすると自尊感情をめぐる問題が能力の発揮に障害となっているのかもしれません。

　あるいは，被検者によっては自分の成績を気にして，「○○の検査は難しかった」「××はちょっとできたかもしれない」などと自発的に振り返る人もいます。この本人の自覚が実際のパフォーマンスとどれくらい一致しているのかも興味深いところです。全体的に自分の成績を卑下しているのか，あるいはそもそも自分の長所と短所の理解に歪曲があるのかなどが，これらの言語表現からわかることもあります。

　このように，たとえ構造化された心理検査であっても，検査者と被検者の関係性に注目して，課題成績を含めた下位検査ごとの違いや，必ずしも設問への解答には含まれない言動に注目することで，対象者について重要な理解を得られることがあります。知能検査などにも，被検者のパーソナリティ特徴が見えることがあるのです。

48　第Ⅰ部　レクチャー

　検査上で認められたこのような関係性は，心理療法のプロセスにおいても生じうると考えられます。たとえば，緊張したり不安になっているときには，自分の内面をあまり探られたくないと思うかもしれません。それでも，「自分のことをわかってもらいたい」，あるいは「わかってもらえているはず」という気持ちも高じると，面接者のクライエント理解に及ばないところが見えるたびに，いらだちをあらわにするということが起こるかもしれません。

　心理検査上で検査者との間に展開した関係性は，被検者のこころの内にあるものです（正確には，内在化されている対象関係の一部です）。実際に観察された関係性は，たとえ相手が変わっても繰り返される可能性があります。つまり，心理検査に要した短い時間で，長く続くかもしれない治療関係の重要な部分を予測できるのです。この利点があるからこそ，ロールシャッハ法は医師の診察やサイコロジストの心理療法に具体的な提言が可能なのです。

4．ロールシャッハ法と治療構造論

　このように，ロールシャッハ法にはいくつかの決まりや現実的な制約があり，「検査者」「被検者」「図版」という三項関係で構成されています。もっとも，図版は検査者と被検者の中間領域に位置するので，正確には三項関係といいにくく，「2.5項関係」と呼ぶくらいが適切かもしれません。そしてこれらの決まりや制約は知能検査のように絶対的なものではなく，個人差の生じる余地が確保されています。これらすべてが総体となって，ロールシャッハ構造（ロールシャッハ状況）をつくりあげています。

精神分析と治療構造論

　本書でここまでまとめてきたようなロールシャッハ法の構造についての考察は，精神分析がつくりだした「治療構造論」という考え方を取り入れて発展しています。

　治療構造論は，日本を代表する精神分析家である小此木啓吾が残した業

績の一つです。精神分析の治療構造には，大枠として考えたとき，①外的治療構造（面接室の大きさ，面接者とクライエントの空間的位置，面接回数や面接時間など）と，②内的治療構造（治療契約，秘密の保持など）があります。

　心理療法過程はたくさんの要因で構成されているので，面接者とクライエントの間に生じているものが見えにくくなります。ここに構造が導入されることで定点観測が可能になります。たとえば，動いている車から，別の動いている車の速度は分かりにくいものですが，どちらかの車がとまっていたら，もう一つの車の動きはよく見えます。同じように，面接者が立ち位置を一定に維持することで，クライエントの心の動きが見えやすくなります。さらにこの構造が面接者のこころの内にも築かれることで，面接者とクライエントの相互作用について考えることができるようになるでしょう。

ここがポイント！

治療構造には，大別して二つの要素がある。

○ **外的治療構造**
　面接や面接室を構成する外的（客観的・現実的）要素：面接室の大きさ，面接者とクライエントの空間的位置，面接回数や面接時間など

○ **内的治療構造**
　関係性の中で設定される要素：治療契約，秘密の保持など。治療者が内在化した「治療者としての姿」も含まれる。

ただしこのように示すと，面接者が意識的に設えたものばかりが強調されているように見えるかもしれません。しかし治療構造論の要は，面接者が意図的に設定した構造ばかりでなく，あまり意識していなかった構造もあり，これが治療過程に影響を及ぼすという点にもあります。

外的な設えから一例をとると，面接室周辺の環境が考えられます。窓外から不意に聞こえてくる声，たとえば楽しそうな子どもの笑い声，あるいは何かが壊れるような音などを完全にコントロールことはできません。しばしばクライエントはこのような音や声に強く反応します。私は，クライエントが「人に近づかれるのが怖くてたまらない」と語っているまさにその瞬間に，面接室の扉が（誤って別の人によって）開けられるという出来事に遭遇したことがあります（精神分析には「雨が降っても転移」という言葉があります。思いもかけなかった出来事が転移の中で生じるのですが，これが非常に大きな意味をもつことがあります）。

また，面接者の年齢性別，職場内での立ち位置など，面接者が抱える要因も構造としてあげられるかもしれません。長年探していた領域の職場で初めて担当する事例，あるいは自分が関心を寄せる問題をもつクライエントとの面接には，知らず知らずのうちに力が入るかもしれません。職場内の人間関係で苦労しているとき，上司や主治医からの評価を気にしなければならないような状況にあるとき，あるいは心理療法に何かしらの「成果」を強く求められるような状況で，面接者はある種の力に動かされやすくなるかもしれません。私たちは，たえずさまざまな文脈の中に身をおいていて，この文脈という構造から，有形無形の影響を受けていると考えられそうです。

このような，あまり意図されていなかったものも含めた構造が，転移と逆転移を醸成していきます。構造によって曖昧な転移状況に境界がつくられ，面接者が転移と逆転移を吟味できるようになるとも考えられます。分析家もクライエントも，この構造があるからこそ抱えられ，分析作業をつづけられるというわけです。

ロールシャッハ法と治療構造論

　ロールシャッハ法に戻りましょう。心理検査の一つであるロールシャッハ法は，精神分析に比べるとはるかに構造化されています。したがって，どうしてもこの構造にしばられる割合が増えてきます。言い換えるなら，心理検査としてのロールシャッハ法は，精神分析に比べて剰余変数が大幅に減じられています。結果として，精神分析ほどの多様性はありません。しかし，検査という側面に限定した分，定点観測としての強みが活かされています。この検査ならではの情報がたくさん得られます。

　私は，精神分析に比べると圧倒的に構造化されているものの，心理検査としては構造度が緩いというロールシャッハ法の構造が，この検査を優れたアセスメントツールにしていると考えています。自己報告式の質問紙法は自由度が少なすぎるので，予想外の反応はほとんど生じません。むしろ，予想外の行動や反応が生じないように構造化された検査であるといえます。反応の幅と投影の許容範囲を拡張させるためには，検査の構造をある程度緩やかにする必要があるのです。そして治療構造論が教えてくれるのは，構造をある程度一定にすることによって治療者が安定してクライエントを見やすくなり，それによって今まで気づかれなかったことにも目が向きやすくなるということです。ロールシャッハ法は分析に比べて構造化されているだけに，一般的な反応や振舞が観察されやすくなります。これによって個別性の高い反応も見えやすくなります。ロールシャッハ状況の特色を十分に吟味しておくことで，何が一般的で何がそうではないのかが分かります。そればかりでなく，一般的ではない反応がどのように一般的ではないのか，どのような要因によって生成されたのかという点についても，考えるヒントを得ることができるのです。

5. 臨床例に学ぶ

　ここまで，ロールシャッハ法を含む心理検査を構造論的に捉えなおす試みを続けてきました。これらの観点は，心理検査結果の解釈に直接的に活用されるというよりも，検査で得られた反応を検証するための「背景」と

52　第Ⅰ部　レクチャー

して機能しやすいかもしれません。

　ここからは，実際の臨床例を素材にしながら，これらの「背景的理解としての構造論」が，事例の理解や解釈に具体的にどのように寄与するのかについてみていきましょう。

　本書では，これを二つの構造的枠組にまとめて，反応例をあげながら説明してみたいと思います。

　一つ目は，図版刺激に備わる構造的枠組です。継起分析では，この構造上の枠組に注目しながら，図版から刺激される「不安」とその「防衛」という視点で，一つの反応の中や反応から反応へと移り行く流れを理解していく作業を基本にしています。この後に示す事例ＤとＥの反応例は，図版刺激の特徴から考えられる不安と，この不安への防衛という点で理解しやすい例です。一方，事例Ｆは，図版刺激から生起しやすい私たちの認知的特徴と大きく異なる例です。図版刺激という構造枠があるからこそ，質的な違いが浮かび上がりやすくなるという意味で，事例Ｆはここに含まれています。

　二つ目は，ロールシャッハ法における対人関係という構造的枠組からの理解です。ここには，検査者と被検者の関係に注目した例として事例Ｇが，さらに自分自身の反応に対する態度を取り上げた例として事例Ｈが，それぞれとりあげられています。

　ロールシャッハ反応を理解するためのこれらの枠組については，前著においても加藤が事例を援用しながら詳細に論じています。さらに，小此木・馬場（1989）には，より専門的で詳細な議論が展開されています。あわせてご参照いただくことをお勧めします。

　なお本章では，この後，限られた数のロールシャッハ反応を例にあげながら被検者の心理学的特徴が議論されています。しかし，ここで，**単一の反応（および反応継起）から得られた理解は，被検者を理解するための「仮説」の一つにすぎない**ことに注意を促したいと思います。各事例にあげられた反応は一つの例にすぎず，各事例の特徴がこの反応例だけで理解されたり説明されたりするわけでもありません。

　たった一つの反応からクライエントの心理について結論づけることは危

第3章　ロールシャッハ法の特徴と構造　53

険です。ある一つの反応や反応継起から浮かび上がった事例理解が，別の反応や反応継起，あるいは記号や指標から得られる解釈によって支持されることで，この仮説の信頼度が増していきます。解釈内容を所見としてまとめるためには，解釈という仮説がどの程度反復されているのかを十分に検証することを通して，解釈内容を選定していく作業が必須になります。したがって，この後に引用される反応例とその解釈が，そのまま自動的に所見に反映されるわけではないことに注意が必要です。

図版刺激という構造的枠組

　ロールシャッハ状況にはさまざまな刺激（図版，検査者，時間設定など）という構造が備わっています。この中で，ここでは継起分析の基本として考えられる，図版刺激から受ける不安と防衛の例をお示しします。各図版の刺激の性質に注目することで，具体的にどのような不安感情が図版のどの特徴によって刺激され，この体験に自我がどのように対応しているのか（または対応できなかったのか），どのように適応していくのかを見ようとする視点です。

【事例D】

　事例Dは，学校不適応を理由にした抑うつ状態で医療機関を受診した，20歳代前半の男子大学生です。診断は適応障害でした。Ⅲ図の2つの反応を検討してみましょう。

　Ⅲ図には，人間全身像に見えやすい領域があり，これとは別に赤色の色彩刺激が加わるという，2つの大きな特徴があります。色彩刺激は，これを認知する者に何かしらの情緒体験をもたらしやすいことが知られています。しかし，Ⅲ図はⅡ図と違って赤と黒の領域が分かれているので，色彩刺激を避けて黒い領域だけを用いることによって，苦手な情緒体験を回避することもできます。色彩刺激を回避するために領域を限定したり図版の形だけをとらえて冷静に対応しようとするあり方は，**強迫防衛**と呼ばれています。

　事例Dも，この図版でまず黒い領域だけを用いて平凡反応を報告しまし

た。形の説明は，最小限ながらも適切です。関わることのできる領域と刺激（形態）のみに限定するという，隔離 isolation による強迫防衛が成功しているといっていいでしょう。「ポーズをとっている」という意味づけには，他者からのまなざしを意識しやすい心情が見え隠れしています。もっとも，青年期という年齢を考えれば，これは，ある程度なら自然な感情かもしれません。

　興味深いのは，この次の反応です。最初は触れずにいた色彩刺激に目が向くと，途端に形態把握は曖昧になり，「火の玉」という衝動反応になり

【事例D】20 歳代男性 適応障害

Card Ⅲ

なんか人のように。何かに手をつきながらポーズをとっている人に見えます。
(INQ) これが頭で，このあたりに手があって，ここに足があって，こう斜めに。このふたり。

　　CS：D+1　Mpo　2　H,Id　P　3.0
　　片口法：D2×2　M±　H　P

どちらかっていうと，そういう怪談とかででてきそうな，後ろの赤いところがそういう…。耳なし芳一とか，火の玉とかでてくるじゃないですか。そんなような感じ。
(INQ) この二つが火の三に見えて。そのときに耳なし芳一を思い出して。その平家の人魂のように思ったんですけど。〈火の玉〉この上の方が細くなって。小さい頃，本で見たのと似ていたんですけど。〈芳一も一緒に見ているのでしょうか〉そこまでは考えてなかった。

　　CS：Dv3　Fo　2　Fi　PER
　　片口法：D1　F干　Fire

ました。「後ろの赤いところが」と指摘されているところからわかるように，赤色は領域を指し示すために自覚されていますが，火の玉の説明のためには活用できませんでした。つまり，この反応の原因の一つになった「不穏な感じ」という情緒や不安については，自覚的に体験されていないかもしれないのです。結果として，本人としては何をきっかけに気持ちが揺らいでいるのかがよくわからないまま反応を終えています。

　そしてこの反応には「耳なし芳一」という，独特な連想も伴われています。先ほどの人間像の反応が影響していると思われますが，「ポーズをとっている」という他者の目を意識した自己呈示的な反応から一転して，この反応には不穏な感じが目立ちます。特定の物語に意味づけを仮託しているところに知的な雰囲気もある反応ですが（強迫防衛としての知性化），情緒（不穏な印象）に巻きこまれていくと，命が危ぶまれるほどの得体のしれない恐ろしさが高まるということでもありそうです。平凡反応の人間像を「芳一」として考えれば反応の整合性もとれるのですが，赤色刺激などを発端に高まった恐怖心から良い対象としての人間像を守るためには，人間像（芳一）とこの火の玉を別々の反応に分割しておく必要があったのかもしれません。

【事例E】

　もう一例，見てみましょう。20歳代後半の既婚女性Eです。対人関係の問題を発端にした深刻な気分の落ち込みと希死念慮が持続していることから，家族の勧めをうけて精神科クリニックを受診しました。診断は境界性パーソナリティ障害でした。

　Eは，Ⅱ図に二つの反応を報告しました。最初の反応は，黒色領域（CS＝D6，片口法＝D1×2）に報告された人間像でしたが，この図版の上と下にある赤色領域は顔や足にならず，血が噴き出ているという陰惨な意味づけが与えられています。また，Ⅱ図の黒色領域内には赤い色が混ざっていますが，Eはここにも血を指摘しました。この反応は，基本となる形態把握に問題がなかったことが推察されますが（Ⅱ図全体を二人の人間全身像として知覚しかけている），黒と赤という色の違う領域をまとめて人間像としてとらえることに失敗し，「喧嘩している」「血が噴き出ている」と

56　第Ⅰ部　レクチャー

いう非常に激しい意味づけの反応になってしまいました。

　赤色という刺激が適応に否定的な影響を及ぼしているという点は，先の
事例Dと似ています。また，この動揺をもたらしていると考えられる情緒
体験について，反応決定因（色彩反応）に反映できるほどに体験されてい
るとはいえない（色彩反応を記号化できない）ところも，両事例は共通し
ています。

【事例E】20 歳代女性 境界性パーソナリティ障害

Card Ⅱ

人がふたりいて，手を合わせているんだけど。膝と膝の下が足がなくて，
血が出ている。喧嘩しているみたいな感じですかね。頭もない。肩から上
がない。ところどころに，血…血が点々と見えます。
(INQ) 血，吹き出てる感じですね。〈もう少し，どう見たらいいのか教え
て〉まずこれが手で合わせているんですけど。全体です。〈血〉ここ膝。だ
から膝から下がない。二人とも切れちゃって，血がどわーって，この人は
首がないと思ったら，そしたらこの上のところも血にしかみえない。血が
どわーっ（顔をしかめている）。

　　CS：W+1　Mp.ma- 2　Hd,Bl　4.5　AG,MOR
　　片口法：W　M∓m　Hd,Bl　(P)

ごめんなさい，あんまり見ていると気持ちが悪くなるので…　あ，でもこ
こだけみれば，蝶々みたいな形に見えなくもないです。それだけです。も
ういいです。
(INQ) これは気持ち悪かったですけど，ここだけなら蝶々かなって。真ん
中に胴体で，羽。それだけ。

　　CS：Do3　Fo　A
　　片口法：D　F±　A

第3章　ロールシャッハ法の特徴と構造　*57*

　このように両事例には似たところも指摘できるのですが，この事例Eでは，事例Dよりも圧倒的に，噴出する血液の動きに説明の重きが置かれています。質問段階では，（Ⅰ図でも検査者とのやり取りをもっているので，何をすればいいのかはわかっているはずなのに）反応の見方を説明する代わりに「血，吹き出てる感じ」としか言えませんでした。ここには，赤色刺激を発端として不安衝動に巻きこまれていく姿と，こうなると不安衝動の中に自分から身をおいて言い募るような心情にはまっていく様子がうかがわれます。**境界例者の中には，こうした陰惨な反応内容や悪意に満ちたテーマによる明細化が与えられることが少なくありません。悪いテーマは徹底的に悪くなり，対照的に良いテーマにはますます良い意味づけが与えられるために，善悪の両極端のような意味づけになることもあるようです（原始的防衛機制としてのスプリッティング）。**

　しかし，事例Eは，この不快な情緒体験から身を退こうとしたばかりでなく，最後に図版下の赤色領域のみを部分的に捉えて，「蝶々」という一般的で無難な反応を出すことに成功しました。図版刺激に深入りしないで生じた反応かもしれませんが，ついさっきまで同じ赤色領域を「血がどわーっ」と意味づけていたことを考えると，今回は，距離をとることによる回復が認められたと言っていいでしょう。**所見作成の上では，このような適応への試みに注目した記述は重要です。不安衝動に圧倒されるままで回復過程が観察されなかった場合と，一度は不適応的になったとしても，その後，適応に向けた自我の働きが観察された場合とでは，医療者による臨床上の関与に明瞭な違いがある**からです。

【事例F】

　次にとりあげる事例Fは，これまでの事例DやEとは異なっています。図版刺激が備えている特徴を考慮することで，この違いの中身と質がわかる例です。この違いは程度の問題というよりも，一般とは質的に異なる知覚組成プロセスによって作りあげられた反応であると考えられるかもしれません。

　事例Fは，自閉スペクトラム症（ASD）の診断を受けた10歳代男児で，Ⅲ図からの反応例です。

58　第Ⅰ部　レクチャー

【事例F】10歳代男児　ASD

Card Ⅲ

細胞分裂
(INQ) アメーバ。この赤いところが黒いところから分裂している。

　　CS：Dv/+3　ma- A, Id　4.0
　　片口法：D1　m干　A

　これは，赤いところ（片口法＝D1，CS＝D2）を細胞に見立てて，これ
が黒いところ（赤色領域に隣接する黒色領域）から分裂しているという反
応です。平凡反応の人間像でいうと後頭部から背中にあたる外輪郭と，赤
色領域に見た細胞の黒色領域に面した外輪郭が，同じような曲線を描いて
いることに注目して報告されたようでした。質問段階では，この分裂を説
明しようとして，おおざっぱながら図版の輪郭線をなぞりながら説明がな
されました。
　一読して，「変わった反応だな」と思う読者もいらっしゃることでしょ
う。それでは，この反応の何が「変わっている」という印象を与えるの
でしょうか。まず考えられるのは，もちろん，反応内容の珍しさでしょう。
でも，目をひく理由はそれだけでないように思います。Ⅲ図には黒色と赤
色の領域があり，しかもこの二つは離れた位置にあるため，別々の対象と
して知覚されるのが一般的です。そしてこの図版の黒色領域は，ロールシ
ャッハ法の各体系で平凡反応に指定されるほど人間の全身像に見えやすい
ことは，先に述べたとおりです。
　上記の反応はどうでしょうか。この男児の目には，多くの人たちが自然
に認める人間像が見えていないようです。それどころか，人間像の一部を
不自然に切り取った輪郭線だけをとりあげています。さらに，黒と赤とい
う色彩の違いから別々に見られやすい2つの領域の間に，形の類似をみつ
けています（私は，この反応に出会うまで，2つの領域が同じような曲線

を描いていることに気づいていませんでした！）。つまり，通常であれば気づかれやすい文脈（色彩によって喚起される感情体験や，人間反応に示される対人関係）には目が向いていないのです。この反応が「変わっている」と感じられるのは，アメーバの分裂という内容の目新しさだけでなく，インクブロットのゲシュタルトや色彩の特徴という，あたりまえにあるはずの文脈が考慮されていないからかもしれません。

　ASD の人たちは，直感的に他者の感情をくみとることが苦手です。この点をロールシャッハ反応に翻訳すれば，人間反応も色彩反応も知覚しにくいということになります。直感的な感情理解の困難から学んでいくのは，観察によって得た具象的現実と他者の心情（と世間で言われているもの）とのマッチング作業です。たとえば他者の表情や振舞いなどをつぶさに観察して，「目がつり上がっているという形状は，怒りという感情を表わしているらしい」と覚えていくわけです。共感的理解からはじまる他者理解でなく，表情筋の形状などの形態認知を感情の表現形とセットにして覚えているのです（ASD 者に特徴的なこの心的プロセスについては，たとえば，内海（2015）が詳述しています）。

　この点をふまえながら先の反応を振り返ってみると，この反応は ASD の特徴をよく映し出しているように思えてきます。インクブロットの外輪郭線にこだわって作られたこの反応は，ASD 者の文脈への気づきにくさと，形態認知への独特なこだわりをよく表しているといえるでしょう（ただし，私はこの反応が ASD の心的状態をよく表すものであると考えていますが，ASD 者に特有であるとは考えていません。「こういう反応があればこういう性格（疾患）」と 1 対 1 で判断することは危険で，それは投映法的でもなければ，臨床的な態度でもないと考えています）。

　ロールシャッハ法では，集計された記号をもとに解釈を組み立てていきます。しかしここに，ロールシャッハ図版や対人関係場面などを含むロールシャッハ状況についての理解が加わり，そして「どうしてこのような反応が報告されたのだろう」と考えることで（上記の例でいえば，「自分はなぜ変わった反応だと感じたのだろう」と問うことも含みます），豊かな被検者理解を手にできることが期待できるかもしれません。こうした理解

60 第I部 レクチャー

があれば，被検者の姿をありありと浮かべられるような，生きた所見をまとめる道が，少し近づいてきそうです。

対人関係場面という構造的枠組──検査者-被検者関係

次にあげるのは，検査者と被検者のやりとりに注目した事例理解です。

【事例G】

Gは検査時30歳代独身男性で，検査実施時の診断は精神病（疑）でした。ここでは，Ⅷ図の反応をとりあげたいと思います。Gがこの図版に報告したのは，図版全体を用いたこの仮面の反応だけでした。

馬場（2017）は，ロールシャッハ法上に，インクブロット全体を用いた「顔」が知覚されるためには，急速な心理的退却が必要であると指摘しています。図版全体を顔に知覚するのは難しいけれども，対称形のものの多くがそうであるように，離れた位置からみると顔に見えるというのが一つの理由として考えられています。図版から迫害的な印象を受けたために心理的に一気に退却した結果，顔に見えるのだろうという理解です。

【事例G】30歳代男性　精神病疑い

<u>Card Ⅷ</u>

どこかの原住民の仮面
（INQ）パッと見て何も思い浮かばなかったんですけど。しばらく見て何となく顔に。色鮮やかな感じとかから。どこの民族とかは分からないけれど，こういうのがあるんじゃないか，何となく。〈どういうふうに見たらいいでしょうか〉これが目のあたりで，ここが口からあごにかけて。で，ここが耳のあたり。これが頭を守るところ…ですかね。

　　CS：Wo1　CFu　(Hd)　4.5　GHR
　　片口法：W　CF-　(Hd)

第3章　ロールシャッハ法の特徴と構造　*61*

　この反応も同じように考えられそうです。突然，多彩色になったⅧ図で感情を大きく揺さぶられた結果，世界が恐ろしいものに見えてしまったのでしょう。境界例者に多く認められるような恐ろしい顔の意味づけ（たとえば血を吐いたり怒鳴ったりしている顔など）はなされず，さらに「仮面」という動かない物体に加工されている点は，不安に対してある程度距離をもって対応できる力を認めることもできます。

　しかしそれでも，「原住民の仮面」という意味づけには，見知らぬ世界の不気味な顔という印象が伴われているかもしれません。そして何よりも，この反応では，最初，ほとんど形の説明ができませんでした。「どこかの原住民の仮面」「何も思い浮かばなかった」「何となく顔に」「何となく」など，曖昧な知覚であることが何度も語られています。つまり，世界が迫害的な顔に見えたばかりでなく，あまりに恐ろしくてその世界をしっかり見ることもできなくなっていると言えるかもしれません。

　ところが，質問段階で検査者が知覚の説明を求めたところで，興味深いことが生じました。「何となく」を繰り返していたこの人が，反応の部位を説明しはじめたのです。反応コードにこの変化は反映されませんが，検査者の働きかけによって説明の質が変わりました。

　これはつまり，他者の働きかけによって，現実適応が回復する可能性があることを示しています。感情が刺激されるような場面に遭遇すると，この人のこころは，不安と恐怖のあまり何がおこっているのかが分からなくなるのかもしれません。ところが，他者を恐れる心情にあるときでも，まわりからの働きかけによっては，現実に目をむけて内的体験を分かちあえるだけの力を回復しうることが示されています。

　このように，検査者からの働きかけにどのような反応があったのか（あるいはなかったのか）という視点は，ときとして，事例理解に有益な情報をもたらします。そしてこの情報が検査者 - 被検者に根差しているだけに，言い換えるならば，**検査上に生じた実際の関係性から得た理解であるだけに，この種の情報は，心理療法や医師による診察などの治療関係への提言につながります。それはたとえば，「心理療法の適否」「特定の心理療法の推奨（あるいは困難が予想される種類の心理療法）」などでしょうし，さ**

らに具体的に，医療者からのどのような働きかけが，どのような反応や態度をもたらしうるのかという点について，提言することができます。理解が難しかったり対応の難しい事例に対して，どのように対応することが望ましいと考えられるのか，具体的な提言が可能になることがあります。**検査における関係性に注目することで，実際の治療への示唆や提言が可能になるのです。**

対人関係場面という構造的枠組──自分の反応への態度

　最後にあげるのは，自分の反応に対する態度に注目する視点です。人によっては，自分の反応や，そのような反応を報告した自分に対する気持ちや評価を言語化する人がいます。これも重要な事例理解の観点になりえます。

【事例H】

　30歳代既婚男性HがIV図に示した反応を検討してみましょう。この人は，職場不適応を理由に抑うつ状態と不眠を訴えて医療機関を受診しました。主治医の診断は気分変調症（疑）でした。

　この反応は，IV図でよく報告される人間全身像を基本にしてつくりあげられています（この人間全身像は，CSでは平凡反応に指定されています）。つまりこの反応の基本的な知覚には，大きな問題がありません。そして反応に現れているこの人の様子や態度をみると，巨大な人物像にだいぶ圧倒されているようです。さらに，この人物像の股のあたりに位置する領域（CSでも片口法でもD1領域）が「竜の顔（またはそれに近い何か）」に見えたことで，この人に迷いが生じました。

　結果として報告された反応では，つながっている領域を分けることができず，両者が関連づけられてしまいました。これを現実場面で考えると，本来は別々に考えるべきものを区別できず，不必要に因果関係をみたり関連づけて考えることがあるということです。言い方をかえると，単なる偶然の関係でしかなかったはずのところに，相関関係や因果関係を読みこんでいくといってもいいでしょう。この反応は威圧感を感じるところから始

第3章　ロールシャッハ法の特徴と構造　63

まっていますから，この人が威圧的で大きな父親的存在を前にすると，不
必要なまでに自分と関連づけて考えたり被害的になる可能性が示唆されて
います。

　そしてこの人が威圧感に圧倒されたとき，反応段階の最後に思わず漏れ
出したのが「所詮，インクの染み」という一言でした。たしかにこの図版

【事例H】30歳代男性　気分変調症疑い

Card IV

下から見上げたような。こういう感じかな（edging[注6]）。熊のような特撮
の怪獣のような。特撮の怪獣というと，口から何か吐き出しているような。
そう考えれば都合いいですね。これは。…真ん中に突きてているのが，竜
の顔に見えますね。何だろう，下に向かって，そういう…。何かそれ以上
に膨らまないなあ。…というところですね。はい（そう言いながらまだ見
ている）。発想が貧困なのかな（笑）。でも所詮，インクの染みだし（図版
を何度も回しながら，さらにしばらく見ている）。うん，そんなところです。
(INQ) でかい足がどーんと。頭ここにありますね。これが両手。この顔が
アライグマとかアリクイのような。ちょっと顔のサイズちっちゃいんです
けどね。それで口からおどろおどろしいものを吐き出しているような。で，
吐き出しているものが何かなと見ると，竜の頭。ヒゲがこうあって，目が
あって。〈竜を吐き出している〉何かそれも，実はしっくりこなくて。吐き
出しているのか，竜が飛び出しているのか。この中に竜が属していると
いうのではないんだなあ。…竜は竜？　頭のあとのつながりがうまくおさま
らない。

　　CS：W +1　FD.Mao　(H),(Ad)　P　4.0　FAB,PHR
　　片口法：W　FM∓FK　(A),(Ad)

注6）エッジング edging とは，図版を横からすかしてみるような見方のことを言います。
　　かつては，精神分裂病（現在の統合失調症）に特徴的な検査態度として知られていま
　　した。

刺激は大きな人物に見えますが，本人の言う通り，たかがインクの染みなのです。それでも，わざわざこのことを言語化しなければならないほど，大きな男性が怖いというかもしれません。男性に圧倒される自分の小ささを感じそうになったとき，とっさに相手を「あいつ大したことない」と言って身を守ろうとしたのだと考えられます。また，質問段階では，反応を決めかねてあれこれと思い悩む様子も見て取れます。ここにも，この人の自信のなさがうかがえます。

　これらの反応には，自分の知覚物や反応を振り返って，「ああでもない，こうでもない」と考え続ける様子が示されています。基本にあるのは成人男性としての自信のなさであり，この小さな自分という劣等感をどうにかしようとして，ナルシシスティックな防衛が発動されていると考えられそうです。

第II部
ケーススタディ

66 第Ⅱ部 ケーススタディ

　第Ⅱ部はケーススタディです。ここには2例の臨床例が掲載されています（いずれも，守秘の観点から事例概要には修正加工が施されています）。これまでに学んだ知識をもとに，臨床の要請にこたえうる所見をどのようにまとめていくのか，その実際を学んでいきましょう。

第4章　所見例に学ぶ（その1）
──所見作成のプロセスに焦点をあてながら

　本章では，データからどのように解釈が導かれ，さらに解釈をどのように所見にまとめていくのか，そのプロセスをなるべく言葉にしてみようと思います。

　本章で検討する事例は，CSによって実施されています。しかしここでは，CSによる解釈（クラスター分析）に続いて，読者の学習の参考のために，片口法によってこのデータを集計したときの解釈も試みています。そして最後に，反応を継起的に理解する試みが加えられています（ロールシャッハ体系をまたいだ解釈については，p.88のコラムをご確認ください）。

　読者の皆様には，事例概要に目を通していただいた後，日頃お使いになっているロールシャッハ体系に基づいた記号の解釈をご確認いただければと思います。その上で，CSであっても片口法であっても（あるいはそれ以外のロールシャッハユーザーであっても），継起分析のセクションに目を通していただきたいと思います。これによって，記号による解釈と継起分析との統合の実際を学習できるでしょう。

68 第Ⅱ部　ケーススタディ

1. 事例Ⅰ[注7] の概要（本質を損なわない程度に加工修正されています）

　精神科を受診した20歳代前半の独身女性です。主訴は摂食障害（過食嘔吐，下剤使用）でした。

　高校時代にクラスメートから「痩せるためにはこれが一番」と聞いたことをきっかけに，食べ吐きをはじめるようになりました。卒業後についた仕事が人前に出る機会の多いものだったことも，本人の痩せ願望を刺激しました。最初は食事量や嘔吐回数を自分なりにコントロールしていたようですが徐々にやめられなくなり，もっとも頻繁だった時期は毎食後嘔吐していたようです。しかしこの過食嘔吐は，来院時には日に一回程度になっていました。なお，過食嘔吐によって，少なくとも表面上の職業生活に大きな影響が及ぼされたことはありません。いくらか痩せた体型ですが，BMIはひどく問題になるような数値でもありませんでした。徐々に症状が改善してきたが自分の力ではこれ以上の改善に限界があると感じられ，今まで平気だった嘔吐がつらく感じられるようになったところで，当時交際していた男性に勧められて受診したようです。これまでに，精神的な問題を理由にした医療機関や相談機関の来談経験はありませんでした。発達上の問題を指摘されたこともありません。

　心理検査は，精神科主治医からの依頼でした。今後の診察の参考にしたいので，パーソナリティと病態水準について知りたいというご要望でした（依頼検査には，ロールシャッハ法以外にもいくつかのパーソナリティ検査がありましたが，プライバシー保護の理由から，本書では割愛します）。

　ご依頼を受けて主治医に診察時の様子をうかがうと，Ⅰは投薬治療に不安をもっていることがわかりました。「飲まないといけないなら飲むけど」

注7）この事例は，2011年7月に開催された第20回国際ロールシャッハ学会（XX International Congress of Rorschach and Projective Methods）のワークショップで発表しました（コメンテーター：Philip Erdberg先生，馬場禮子先生）。さらに国際学会終了後，馬場禮子先生との共著で「包括システムと力動的解釈の統合」の書籍刊行を計画したことがあり，この中で，本事例についても検討を重ねました。本章の執筆は，馬場先生と吉村それぞれの事例理解と，これを擦り合わせた議論が下地になっています。

「でも薬をやめられなくなるのではないかと不安」と語られているそうです。当初，心理検査の依頼状には記載されていなかったのですが，主治医の先生と話していると，「検査結果によっては心理療法の導入も検討したいから，心理療法の適否と，望ましい治療についての意見ももらえるなら」というご依頼も追加されました。

　検査導入前に，本人にも話を聞きました。主に，心理検査を受けることになった経緯と，検査に期待することの2点です（生育歴や家族などの情報も，検査後に聴取しました）。Ｉは，診察で食べ吐きをやめたいと主治医に話したら，すぐに心理検査を勧められたと受けとめていました。どうやら，心理検査を受けることになった理由について説明を受けたという記憶はないようでした。〈自分としては検査を受けることをどう思う？〉と尋ねてみると，「吐くのが辛いからやめたいのに，やめられない」「心理検査のことはわからない。先生が教えてくれることを聞きたい」とのことでした。〈薬についての不安もあるんだってね〉と水を向けてみると，Ｉは「だから，できたらカウンセリングを受けてみたいと思っているんだけど，先生にはまだ話していない」とのことでした。「カウンセリングって，自分の話を聞いてもらえるんでしょ，ちょっと受けてみたい」と言う様子からは，Ｉにはじっくり聞いてもらいたい何かがあることが伝わりました。

70 第Ⅱ部 ケーススタディ

2. CS によるクラスター分析

CS に基づいたコーディングと集計結果（構造一覧表）は下記の通りです。プロトコルの詳細は，以下の「継起分析」をご参照ください。

(1) クラスター分析に先立って

コーディングが終わって構造一覧表が完成するまでがひと苦労ですが，ようやくここから解釈にとりかかります。

CS の場合，構造一覧表に並ぶ指標は膨大で，得られる情報は大変豊かです。それだけに作業量が多くなりやすいものですから，所見の提出期限という現実の制約もあって，構造一覧表と Exner（2003）による教科書を

事例Ⅰ 包括システム 反応の系列

Card	Resp	Location		Determinant		Content	P	Z	Special Scores	
I	1	Wo	1	FC'o		A	P	1.0		
	2	Wo	1	Fo		A	P	1.0	DR	
	3	Wo	1	FMau		A		1.0		
	4	WSo	1	Fu		(Hd)		3.5		GHR
II	5	D+	1	FMpu	2	A		3.0	INC,PER	
	6	DSo	6	Fo		An		4.5	MOR	
	7	D+	6	FMp.Fro		A		3.0	INC	
III	8	W+	1	Mp.ma.FCo	2	H,Fi,Hh	P	5.5	GHR	
IV	9	W+	1	mau		A,An		4.0	MOR	
	10	Do	6	Fo	2	Hd				PHR
V	11	Wo	1	FMao		A	P	1.0		
VI	12	Wo	1	Fu		Fd		2.5	MOR	
	13	Wo	1	FYo		A		2.5	INC,MOR	
VII	14	W+	1	Mpo	2	H,Cg	P	2.5	COP,DR	GHR
	15	WSv	1	Fu		Ls				
	16	WSv	1	mpu		Na			PER	
VIII	17	W+	1	FMa.Fr.FCu		A,Ls		4.5	INC	
IX	18	DdSo	22	F-		Hd		5.0		PHR
X	19	DdSo	22	Mp-		(Hd)				PHR
	20	Wo	1	Fu	2	A	P	5.5	INC	

※ Exner（2003）による構造一覧表の一部を改変して作成

Location Features		Determinants Blends	Single		Contents		Approach Summary	
Zf	16	FM.Fr	M	2	H	2	I	Wo, Wo, Wo, WSo
ZSum	50	M.m.FC	FM	3	(H)		II	D+, DSo, D+
ZEst	52.5	FM.Fr.FC	m	2	Hd	2	III	W+
			FC		(Hd)	2	IV	W+, Do
W	14		CF		Hx		V	Wo
D	4		CF		A	10	VI	Wo, Wo
W+D	18		Cn		(A)		VII	W+, WSv, WSv
Dd	2		FC'	1	Ad		VIII	W+
S	6		C'F		(Ad)		IX	DdSo
			C'		An	2	X	DdSo, Wo
			FT		Art			

DQ

+	8
o	12
v/+	
v	2

Special Scores

	Lv1	Lv2
DV		
INC	5	
DR	2	
FAB		
ALOG		
CON		
Sum6	7	
WSum6	16	

Additional Determinants Single / Contents:

Single		Contents	
TF		Ay	
T		Bl	
FV		Bt	
VF		Cg	1
V		Cl	
FY	1	Ex	
YF		Fd	1
Y		Fi	1
Fr		Ge	
rF		Hh	1
FD		Ls	2
F	8	Na	1
(2)	5	Sc	
		Sx	
		Xy	
		Id	

FQ

	FQx	MQ	W+D
+			
o	9	2	9
u	9		9
-	2	1	
none			

Special Scores (continued):

AB		GHR	3
AG		PHR	3
COP	1	MOR	4
CP		PER	3
		PSV	

Control

R = 20	L = 0.67
EB = 3:1.0	EA = 4.0	EBPer = 3.0
eb = 8:2	es = 10	D = -2
	Adjes = 8	Adj-D = -1
FM = 5	SumC' = 1	SumT = 0
m = 3	SumV = 0	SumY = 1

Affect

FC:CF+C = 2:0
PureC = 0
SumC':WSumC = 1:1.0
Afr = 0.25
S = 6
Blends:R = 3:20 (15%)
Col-Shd Blends = 0
CP = 0

Interpersonal Perception

COP = 1 AG = 0
GHR:PHR = 3:3
a:p = 5:6
Food = 1
SumT = 0
H-Cont = 6
PureH = 2
PER = 2
Isol Index = 0.20

Ideation

a:p = 5:6	Sum6 = 7
Ma:Mp = 0:3	Lv2 = 0
2AB+Art+Ay = 0	WSum6 = 16
MOR = 4	M- = 1
	Mnone = 0

Mediation

XA% = 0.90
WDA% = 1.00
X-% = 0.10
S- = 2
P = 6
X+% = 0.45
Xu% = 0.45

Processing

Zf = 16
W:D:Dd = 14:4:2
W:M = 14:3
Zd = -2.5
PSV = 0
DQ+ = 6
DQv = 2

Self Perception

3r+(2)/R = 0.55
Fr+rF = 2
SumV = 0
FD = 0
An+Xy = 2
MOR = 4
H:(H)+Hd+(Hd) = 2:4

PTI = 0 [ ]　DEPI = 4 [ ]　CDI = 4 [ ]　S-CON = 5 [ ]　HVI = [No]　OBS = [No]

※ Exner(2003)による構造一覧表の一部を改変して作成

72　第Ⅱ部　ケーススタディ

見比べながら，可能な所見を一つひとつピックアップする作業に，すぐに飛びつきたくなるかもしれません。

　しかし，このやり方では個々の指標にとらわれすぎて全体の布置を見失う危険性があるかもしれません。また，解釈が羅列的になりやすいという問題もあります。私は，ここで各指標の解釈に進みたくなる気持ちをぐっとこらえて，まずは全体傾向を大づかみするように心がけています。

　いきなりクラスター分析に取り組んで各指標を細かく検討していくというやり方は，描画（たとえばバウムテスト）の解釈をしようとするとき，個々のアイテム（たとえば樹幹や幹など）の特徴から解釈をはじめようとするのと似ているかもしれません。バウムテストでは，まず木全体の印象を十分に味わってから，細かな解釈に取り組む必要があります。私は，ロールシャッハ法でも同じような作業があるといいと考えています。

　具体的には，下図に示されているように，作成された構造一覧表に↑↓などの記号を書きこんでいきます。↑は期待値よりも高い値，↓は低い値です。丸で囲われている指標は，比率や得点に解釈上意味があると考えら

Ratios, Percentages, and Derivations

Control			Affect	Interpersonal Perception
R = 20	L = 0.67		FC: CF+C = 2: 0	COP = 1　AG = 0
EB = 3: 1.0	EA = 4.0 ↓	EBPer = 3.0	PureC = 0	GHR: PHR = 3: 3
eb = 8: 2	es = 10	D = -2 ↓	SumC': WSumC = 1: 1.0	a: p = 5: 6
	Adjes = 8	Adj-D = -1 ↓	Afr = 0.25 ↓	Food = 1 ↑
FM = 5	SumC' = 1	SumT = 0 ↓	S = 6 ↑	SumT = 0 ↓
m = 3 ↑	SumV = 0	SumY = 1	Blends:R = 3: 20 (15%)	H-Cont = 6
			Col-Shd Blends = 0	PureH = 2 ↓
			CP = 0	PER = 2 ↑
				Isol Index = 0.20

Ideation		Mediation	Processing	Self Perception
a: p = 5: 6	Sum6 = 7 ↑	XA% = 0.90 ↑	Zf = 16 ↑	3r+(2)/R = 0.55 ↑
Ma: Mp = 0: 3	Lv2 = 0	WDA% = 1.00 ↑	W: D: Dd = 14: 4: 2	Fr+rF = 2 ↑
2AB+Art+Ay = 0	WSum6 = 16 ↑	X-% = 0.10	W: M = 14: 3	SumV = 0
MOR = 4 ↑	M- = 1 ↑	S- = 2	Zd = - 2.5	FD = 0 ↓
	Mnone = 0	P = 6	PSV = 0	An+Xy = 2 ↑
		X+% = 0.45	DQ+ = 6	MOR = 4 ↑
		Xu% = 0.45	DQv = 2 ↑	H: (H)+Hd+(Hd) = 2: 4

PTI = 0 [ ]	DEPI = 4 [ ]	CDI = 4 [L]	S-CON = 5 [ ]	HVI = [No]	OBS = [No]	

　※ Exner (2003) による構造一覧表の一部を改変して作成

第4章 所見例に学ぶ（その1） 73

れるところです。各指標の大まかな期待値が頭に入っていると，この段階
の作業は格段にスムースになります。

　私は，こうして解釈的に意味のある指標をマークしておいて，全体的な
意味合いを「ぼんやり眺めながら考える」というプロセスを大切にしてい
ます。そして，個々の記号から得られる解釈と，この全体図を往復する中
で，解釈を組み立てていくようにしていきます。

　もちろん，CSではクラスターごとの解釈が重要です。各指標は，実証
研究に基づいてクラスターに振り分けられているので，このクラスター内
での解釈が基本に置かれるべきです。しかしそれでも，クラスターをまた
いだ複数の指標の組み合わせによって，その人固有の意味を考えられる場
合があります。集計表に書きこまれた↑↓のような記号は，これら指標間
の関係に気づかせてくれます。同時に，指標間で生じる矛盾した解釈の存
在に気づかせてくれることもあります。そして前著にも述べられています
が，指標間に解釈内容の矛盾があるとき，**そこには，対象者を理解する上
で重要なヒントが隠されていることが少なくありません**[注8]。

（2）鍵変数と解釈戦略

　事例Ⅰの鍵変数は，「D < AdjD」「CDI > 3」でした。したがって，解釈
戦略は「統制→状況ストレス→対人知覚→自己知覚→感情→情報処理→媒
介過程→思考」の順になります。

（3）クラスター分析

　それでは，クラスターごとに解釈をまとめていきましょう。本書では所
見にまとめるまでの思考と作業のプロセスを明示するために，各指標の解
釈をまとめて所見にしあげるまでのプロセスをできるだけ明文化するよう
に試みたいと思います。

注8）西川（2024）は，馬場禮子先生によるグループ・スーパービジョン体験を振り返る
　　中で，馬場の事例の読みとりには，しばしば「その人のあり方（内界，外界への関わ
　　り方・向き合い方）の不一致に焦点を当て，その中に力動を位置づけて人物像をまと
　　める」というプロセスが含まれていたことを指摘しています。

74 第Ⅱ部 ケーススタディ

手始めに必要な作業は，構造一覧表によって解釈可能であることが示された変数について，Exner（2003）に示される解釈仮説をピックアップすることです。ここでは，紙面の都合上，Exner の記載を一部省略・要約しながら記載していきます。また，特に所見の得られない変数および一部の内容分析については，記載を省略しています[注9]。

全体の印象

先に述べたように，まず構造一覧表を全体的に眺めてみたいと思います。

改めて p.72 の表をご確認ください。統制クラスターにいくつかの↑↓が書きこまれていますが，これは解釈戦略の筆頭に統制があげられていることを思うと，納得がいきます。さらに，構造一覧表の種々の指標に大きな影響を与えると考えられる特殊指標にも目が行きます。対処力不全指標 CDI が陽性になっています。この指標に対人関係で問題を生じることが多いと言われていることからも，対人知覚のクラスターにいくつかの↑↓などが書きこまれているのは，自然なことでしょう。一方で，「自己知覚」「認知の3側面（特に情報処理）」にも，少し多めの印がついているように感じられました。

全体的に，自分のバランスを維持することや自己イメージに問題がありながら，他人とのつきあいがうまくいっていない人なのかな，という大まかな印象が浮かびます。統制のクラスターだけでなく，自己と他者の体験に関する解釈についても，丁寧に調べていく必要がありそうです。

一方で，知覚と思考の指標 PTI や抑うつ指標 DEPI や自殺指標 S-Con に該当しているわけではないので，認知のひどい歪曲や，緊急対応の必要なほどの重篤な抑うつ症状の可能性については，今のところ，心配しなくてよさそうです。

それでは，クラスターごとに解釈を検討してみましょう。まずは Exner

注9) CS における反応内容の検討では，すべての反応を個別に検討するのではなく，一定の基準によって検討対象が絞りこまれています。そして，その大部分は自己知覚クラスターに集中しています。しかし本書では，反応内容を含む反応の流れをすべて検討する継起分析を併用するため，クラスター分析に含まれる反応内容の検討は継起分析に含まれるものと考えて，省略しています。

（2003）に従って，期待値との比較から得られた解釈をピックアップして
いきます。下記に示されている「Step」は，クラスターごとに指定されて
いる解釈ステップのうち，期待値との比較で解釈上意味があると判断され
たものです。各ステップの番号とともに，該当する指標の数値を併記し，
そして「可能な所見」が示されています。また，クラスターごとにまとめ
られた各指標の解釈に続いて，私がこれらの解釈からどのようなことを考
えたのかについても，まとめてみました。この［○○で注目したところ］
を記載することで，一つひとつの指標から得られた解釈（包括システムの
教科書に書かれている「定型文としての解釈」）と，所見用のまとめとし
ての解釈との間に生じやすい溝をつなごうとしています。

統　制

① （Step 1：Adj-D=-1）慢性的に刺激過負荷状態にあり，統制とストレ
　ス対処力は弱くなっている。十分に考えられた意思決定や行動が取れ
　ず，衝動的になる可能性もある。重大な心理的問題がなければ，よく
　わかっている環境や周囲の期待が予測可能な状況では，十分に機能で
　きる。しかし慣れ親しんだものでない場合は，統制を失う危険性はよ
　り高くなる。

② （Step 5：eb=8:2, FM=5）まとまりの悪い思考パターンに陥っている
　可能性がある。欲求に関連した刺激欲求が思考の中に割り込んできて，
　注意や集中を妨げてしまうことが多い（ただしこの所見はFM≧6のと
　きのものなので，参考程度に留めておいた方がよいかもしれない）。

状況ストレス

① （Step 2：Adj-D=-1, D=-2）いくらか心理的な混乱があるが，必ずし
　も心理機能に支障をきたしているわけではない。

② （Step 3：m=3, Y=1）ストレスが思考に影響を及ぼしている可能性が
　ある。

③ （Step 5：D=-2）非常に統制力を失いやすく，心理機能に支障をきた
　すために思考と行動が衝動的になる可能性が高い。かなり構造化され

た決まりきった状況以外では，適切または効果的に機能する状態が続くことはまずない。

[統制・状況ストレス で注目したところ]

　「慢性的に刺激過負荷状態」という記述は，もしかすると分かりにくいかもしれません。そもそも，日常場面でこのような言葉を使う人は，まずいないでしょう。さらに，CS ユーザーにとって「統制」の意味には馴染み深いかもしれませんが，ロールシャッハ法にも CS にも知識のない人には，何のどのような統制のことなのか，さっぱり分からない可能性があります。所見は誰が読んでもわかることを目指して，できるだけ平易な言葉にかみ砕いて，まとめたいと考えます。

　この人が「慢性的に刺激過負荷状態で統制力が弱い」という所見を分かりやすくまとめようとするときに，いくつかの書き方があるでしょう。その中の一つに，「心理的資質が乏しいから過負荷状態に陥りやすい」「未成熟だから統制力が弱い」などの記述をあげることができるかもしれません。

　これらは，重要な検査所見であると思います。一方で，これらの表現はかなり強い含みをもっています。本書は主治医を対象にした所見を想定していますが，それでも，いつどのような経緯で本人が目にするとも限りません。私は，「未成熟」などの表現は，なるべく文字に残さないようにしたいと考えています。

　また，統制力の問題を論じようとするとき，本来，この人はどのようにして統制のバランスを維持しようとしているのかという点についても触れると分かりやすくなるのではないか，と考えました。ではどのような内外の資源を活用できるのかと考えようとするとき，クラスターを越えた指標の情報が活かされてきます。この人の場合，内向型（つまり，自分の考えや経験をベースにして適応しようとするやり方）が板についていることが分かります。また，現実検討能力は良好ですし，他者への関心も通常程度に維持されているようです。これらの点も，統制に関する所見をまとめる上で参考になるかもしれません。

［まとめ：統制と状況ストレス］

　自分なりのやり方で考えながら慎重に取り組みたいところがあると思われる（［内向型］M:WSumC=3:1.0, EBPer=3.0）。自分の果たすべき役割がはっきりしていたり，慣れ親しんだ関わりの中であれば，本人のこのやり方が効果的に働き，持ち前の力を最大限に活かすことができると予想される（EA=4.0, CDI=4）。対人関係は得意とはいえなくとも，他者への興味関心が通常程度に維持されている点からも，なじみの関係であれば，もともともっている能力を十分に発揮できると考えられるだろう。

　一方で，日常生活においては，しばしば何をどのようにしたらいいかわからず，困りやすいことも予想されている（D=-2）。まわりの環境が複雑になったり，求められている事柄や適切な振舞がはっきりしないような場面では，意思や行動に配慮が行き届かず，ときに行動や思考が衝動的になる可能性があるだろう。特に最近になって，「どうしたらいいか分からない」という心情が強まっている可能性が指摘されたり（m=3），そもそも自分のやり方とペースで考えるのではなく，衝動や不安に押し流されて地に足のついた感じをもてないことも少なくないことが推察されている（M=3, FM=5, m=3）。

対人知覚

① （Step 1：CDI=4）社会的スキルに乏しく，対人関係で困難にぶつかりやすい。他者との関係は表面的で関係維持が難しい。よそよそしく，人と関わるのに不器用で，無力だとみなされることが多い。概して他者の欲求や意向には気が回らない。

② （Step 4：Fd=1）多くの依存的行動がみられ，他者からの指示やサポートをあてにし，他者に甘い期待をしがちである。

③ （Step 5：SumT=0）親密な対人関係には非常に用心深い。

④ （Step 6：H-Cont=6, PureH=2）大部分の人と同程度に他者への関心を持っているが，あまりよく理解していない。時には，相手と自分との関係に過大な期待をしたり，周囲から孤立することもある。

⑤ （Step 7：GHR:PHR=3:3）状況にふさわしくない対人行動をとること

が多い。

⑥（Step 8：COP=1, AG=0）他者とのポジティブな相互関係が日常的に
　あることを期待している。

⑦（Step 9：PER=2）対人場面でいくらか防衛的で，安心感を保とうとし
　て知識をひけらかすと予想される。

[対人知覚 で注目したところ]

　上述には，一見したところ矛盾した解釈が混在しています。①③には，
対人関係が表層的で用心深いことが示されていますが，②には依存的で他
者からのサポートをあてにしているとあります。また，完全に矛盾してい
るわけではありませんが，⑤状況にふさわしくない対人行動を取るとあり
ながら，⑥他者とのポジティブな相互関係が日常的にあることを期待して
いるという所見もあり，これらをどのように統合したらいいのか考えてお
く必要があるでしょう。

　そのため，ここでも他のクラスターの変数を活用したり，各変数の意味
をより詳細に調べるような作業が必要であると思います。たとえば，所見
②は食物反応 Fd から得られたものですが，Fd は依存行動の指標といわ
れています。**濃淡材質反応（T）が意識的・自覚的に親密さを求めるサイ
ン**であるのに対して（図版上に言語や身振りで濃淡刺激が指摘されていな
ければ，このコードをつけることができない），**Fd はしばしば無自覚で行
動によって表現される依存**であると指摘されます。この人は T=0 ですか
ら，「甘えたい」「仲良くなりたい」と感じているというよりも，甘えたい
と思うより先に，これを行動で示し，まわりの人に彼女を支えるように仕
向ける可能性があります。このように指標の意味をもう少し深くたどると，
矛盾の向こうにある心理的な意味がわかることもあるでしょう。

[まとめ：対人知覚]

　他者への興味関心は人並みに維持されており，人とのよい関係を期待す
る力も損なわれていない（H-Cont=6, COP=1, AG=0）。自分一人で不慣
れな事態に取組もうとするとき，思うような結果を残しにくい可能性が示

第4章 所見例に学ぶ（その1） 79

されているが，このとき，他者が自分を支え助けてくれることは基本的な前提条件のようにして期待されているかもしれない。つまり，当然のように支えてもらわなければ困るのであって，支えがなくなって初めて，困難や苦痛を感じるという可能性がある。

　他者との関わりを期待する一面がありながらも，人との関わりは不器用で，人づきあいに苦労しやすいことが考えられる（CDI＝4）。他者を投影に彩られた目で見やすく，誤解しやすいところもあるかもしれない（H:(H)+Hd+(Hd)=2:4）。

　また，この人の依存行動（Fd）には傷つき（MOR）が伴われているところを見ると，自分の内側にある「甘えたい」「助けてほしい」という欲求に素直になり，これをよいものとして受け入れるという心情には，まだ十分に到達していないかもしれない。このため，本人が必要としているサポートを他者から十分に得られないときには，理想的な状況を思い浮かべることで，空想の中でどうにか気持ちを落ち着かせるしかない場合もあるだろう（Fd=1, Ma:Mp=0:3）。

　結果として，他者に近づくことには慎重になったり，自分に近づいてくる相手に警戒的に振舞ったりする一方で（T=0, PER=2），選ばれた相手には，おそらく依存的になりすぎたり，自分を支えてもらいたい気持ちに巻きこまれすぎる可能性があるだろう（Fd=1, FM=5）。

自己知覚

① （Step 2：Fr+rF=2）自己への関与が過剰で，肥大した自己価値観によって世の中に対する見方が決定づけられている。意味ある対人関係を築いたり維持することに困難を感じることが多い。自分を高く価値づけることと，それは正しくないかもしれないという気づきの間で，内的な葛藤が生じる可能性がある。

② （Step 3：EGI=0.55）高い自尊心や自己評価を意味することが多いが，自分への不満足感を示す場合もある。

③ （Step 4：FD=0, V=0）普通よりも内省が少なく，自分についてわかっていないことが多い。

80 第Ⅱ部　ケーススタディ

④（Step 5：An+Xy=2; いずれも MOR を伴う）重大な身体的関心がある。

⑤（Step 6：MOR=4）自分をかなり悲観的にとらえている。反射反応も
　あるので，以下の二つの可能性が考えられる。（1）自己イメージと自
　己評価の間に著しい葛藤がある。（2）苦悩や無力感を大げさに言いた
　てようとしている。

⑥（Step 7a：PureH=2，その他の人間反応 =4）自分についてかなり歪ん
　だ見解を持っている。意思決定と問題解決行動に悪い影響が及んだり，
　他者との関係で障害が生じることがある。

［自己知覚 で注目したところ］

　①②⑤を並べてみると，どうやらこの人の自己像には，理想的な自己像
と，それに見合わないと感じられている現実の自己像との間に深刻な溝が
ありそうです。

　これに関連して，①と⑤に含まれる「葛藤」という言葉にも，注意が必
要かもしれません。一般に，葛藤という言葉は，「心の中に，それぞれ違
った方向あるいは相反する方向の力があって，その選択に迷う状態」（広
辞苑，第 5 版）とされています。2 つ以上の事柄の間で思い悩む状態です。
さらに精神分析の文脈における「葛藤」は，病態水準との関わりが示唆さ
れます。**葛藤できる状態とは神経症水準に特徴的な心のあり方**で，2 つ以
上の事柄の間で思い悩む・・・・・・・ことができる・・・・・状態（無理にすぐに決めずにいら
れる状態）を指し示しています。2 つの相反する事柄の間で悩むことは居
心地悪く不安が喚起されやすいので，すぐに「白／黒」「敵／味方」に分
けたくなるかもしれません。このような状態はスプリッティングと呼ばれ，
境界例水準に特徴的な心のあり方です。

　CS は特定の理論に依拠していないので，Exner の教科書では，「葛藤」
と「スプリッティング」が区別されていないのかもしれません。ここでは
**矛盾する（かもしれない）2 つの自己像が記述されていますが，これらが
同時に存在して葛藤しているのか，それともスプリッティングでバラバラ
に並置されているのかによって，あるいはこれ以外の何かが生じているの
かによって，臨床像も臨床的関与のあり方も異なる**ことが考えられます。

事例Ⅰの場合，理想的な自己像と現実の自己との間に大きな開きがあると考えられるので，この両者が本人の中でどのように体験されているのか，より詳細に検討する必要があるでしょう。このとき「葛藤」などの**心理学用語を不用意に使うと，事例の詳細が見えにくくなります。この種の便利な言葉は，私たちが個別性について考える習慣を奪い去りやすいことに注意が必要**です（同じような理由から，私は「否定的／ネガティブ」「ストレス」などの言葉の使用にも慎重でありたいと考えています。これらの用語だけでは，実は，具体的な事柄についてはほとんど説明されていないからです）。

　この問題について考えるために，自己中心性指標を検討してみましょう。すると，$3r+2/R=0.55$ という非常に高い数値がありますが，反射反応が2つあるために値が高くなっていることが分かります。もしこの2つの反射反応がペア反応であったと仮定すると，数値は 0.35 に変わります。自己中心性指標の期待値下限が 0.33 ですから，「ギリギリ平均域に収まっている」とも言えますし，「何かあると滑り落ちそうな自己イメージ」と言ってもいいかもしれません。

　ここで，反射反応を分析的に考えることも有意義かもしれません。精神分析のラカン派や自己心理学派は，発達段階としての「鏡像」に注目しています。反射によって映し出されているのは本人の姿なので，鏡像によって表現されているのは，自分とは考え方も人生経験も異なる他者といることではなく，自分自身が二人いるような状態であろうと思います。

　鏡に自分の姿を映し出している状態は，ミラリング mirroring と呼ばれます。これは，母親が幼い子どもの言葉（ときには意味ある言葉にもなっていない喃語や音の連続）をそのまま繰り返して伝えている状態に象徴的です。

　手元のデータに戻りましょう。この人には2つの反射反応があります。反射は鏡像のことですから，このとき，ペア反応のような「自分と他者」という二者関係は知覚されていないと思われます。そして，2つの反射反応によって自己中心性指標が期待値を超過しているこの人は，自分が自分の母親になることを通して（言い換えるなら，自分で自分を「大丈夫」と

なだめることで），人よりも高い自尊感情を達成していると言えるかもしれません。もはやこのような状態を「高い自尊心」と呼ぶことは難しいと思われます。むしろ本当は心淋しく，そして自信がないのでしょう。これを自分一人でどうにかしていると言った方がいい（損傷内容 MOR や解剖反応 An+Xy に示される自己像の方が，この人本来の姿を反映している）と考えられそうです。

　もっとも，このような自己像の問題について，コードや変数だけで判断することは難しい場合も少なくありません。継起分析によって詳細に検証したいところです。

［まとめ：自己知覚］

　何度も自分自身について振り返って考えるところがある。この自意識過剰ともいえる態度には，ナルシスティックと受け取れたり，高すぎる自己価値観として映るところがあるかもしれない（3r+2/R=0.55，Fr+rF=2）。

　一方，同時にデータで示されているのは，心から自分に安心したり自信を持っているというよりも，自信なく心もとない心情の存在である。この人には身体へのとらわれを伴うような漠然とした不安や（An+Xy=2），悲観的に自分を受けとめて傷つきやすい傾向も示されている（MOR=4）。自己内省は自分の不安や自信のなさに対応するために活用されていて，本来の内省にはなっていない可能性が高い（FD=0）。あれこれと自分について思いをめぐらせていても，それは他者との比較であったり，脆弱な自己を守るために行われていて，そのために過剰に自己価値観を高める必要があるのだと考えられる。結果として，同じようなことを繰り返し考えては，解消しきれない不安をもてあますような一面があるのだろう。

　つまりこの人には，肯定的な方向にいくらか誇張されている自己評価の存在がうかがわれるが，そのように映る言動と，内に秘められている心もとなさとの間に，少なからぬ距離があると考えられる。一見したところの様子と内情との間に，一致しにくい一面があると言ってもいいのだろう。

感　情

① （Step 2：EB=3:1.0, L=0.67）問題解決や意思決定の際には感情を脇へ追いやっておくのを好む。判断形成では自分の内面での価値判断に頼ろうとする。意思決定には慎重になることが多い。感情を表わすのを厭わないが，感情表現の調節やコントロールには気を使いやすい。

② （Step 3：EB=3:1.0, EBPer=3.0）意思決定の際には感情は非常に限られた役割しか果たさない。問題解決や意思決定に際して，直感的，試行錯誤的なアプローチ法は，たとえそうしたアプローチの方が効果的と思える場合であっても，極力避けられてしまうだろう。

③ （Step 6：Afr=0.25）感情刺激を避ける傾向が非常に強く，感情処理に相当心地悪さを感じている。

④ （Step 9：FC:CF+C=2:0, PureC=0）たいていの成人と同じ程度に感情の発散の調節をしている。

⑤ （Step 11：S=6）相当な怒りの感情がある。怒りを直接行動に表わす者もいるが，感情の抑制が心理構造の重要な特徴になっている人なら，わずかに間接的にしか怒りが表に出ず，ただ内に「くすぶらす」だけかもしれない。いずれにしても，他者と深い意味のある関係を維持するのが難しい。

⑥ （Step 14：3つ以上の決定因子のブレンド=2）ときに心理特性が複雑すぎる。ほとんどの場合，複雑さが増しているのは感情体験のためである。必ずしも短所ではないが，心の働きに不具合をもたらすおそれは大きい。資質が限られていたり，感情調節に問題がある場合はこの可能性が高まる。

［感情 で注目したところ］

　感情クラスターの各指標が示す所見は，大きく3つに分類できるように見えます。まず考えられるのは，感情体験には抑制的であろうとする態度です。上記所見の①から④までは，この理解を示しているといえるでしょう。もう一つの所見は，これとは対照的に，感情体験の強さや複雑さに関わるものとして考えられそうです。⑤⑥がこれに該当します。しかしこの

二つは矛盾するものではなく，抑制された感情表現の内側にくすぶりがちな気持ちが残されている可能性が，⑤に示されています。また，⑥で3つ以上の決定因子で作られたブレンド反応の具体的な中身を検討することで，この人が心理的に複雑になりすぎたときにどうなるのか，考えるヒントを得られそうです。

そして，**感情体験について検討する上で臨床的に大切なのは，「感情を出すか出さないか」という二分法のような理解よりも，表現される感情の種類や分化の度合いはどうか，感情（とりわけ陰性情動といわれるようなもの）を表現しているときや表現した後にはどうなるのか，などであると**考えられます。特に後者については，時系列的な理解が含まれるので，記号による解釈だけでなく継起分析が助けになるでしょう。

[まとめ：感情]

感情含みの場面は得意ではないようである。予測していなかった事態に柔軟に取り組んだり，気持ちが強く揺さぶられるような状況に身をおくよりも，自分の経験や考えに基づいてとりくむ方が合っていると感じやすいだろう（CDI=4，EB=3:1.0，EBPer=3.0）。

おそらく，刺激が強いと感じられる場面では身を縮めるようにして適応しようとしている（Afr=0.25）。実は，内心には激しい怒りや衝動を抱えていることが予想されるが（S=6，FM=5），これがそのまま外に発散されることはほとんどない。基本的に自分の気持ちをあらわにすることは控えられ，表現されるときには抑制がきいている（WSumC=1.0，FC:CF+C=2:0）。

ところが想定外に感情が喚起されると，一気に心の中が忙しくなりすぎてしまう。注目に値するのは，このオーバーヒート状態にあっても，感情表出は控えめであるという点である。あまりに感情負荷が高まると，「感情（C）」というよりも「緊張感（m）」として体験されたり，美しさを強調することで混乱を自覚しないようにしているところがあるかもしれない（否認美化）。

情報処理

① (Step 1：L=0.67, Zf=16) 刺激野を処理するのに多くの努力をしている。

② (Step 2：W:D:Dd=14:4:2) 情報処理に多くの努力を費やしている。

③ (Step 4：W:M=14:3) 自分の能力以上に多くを達成しようと努力している。この傾向が日々の行動の中で見られると，目標を達成できずに欲求不満を経験することも多い。

④ (Step 7：DQ+=6, DQv=2, DQv/+=0) 情報処理の質が適切なレベルより低く，複雑な状況ではより悪くなる。

媒　介

① (Step 1：XA%=0.90, WDA%=1.0) 媒介は常に適切である。

② (Step 3：X-%=0.10) 媒介の機能低下はおこりにくいだろう。

③ (Step 3a：マイナス反応すべてが有彩色図版における，Sを含んだ顔反応) 対人場面における怒り感情で，認知的媒介に混乱が生じている可能性。

④ (Step 4：P=6) 単純で明確に定義された場面では，情報処理に問題があっても，非慣習的な反応が生じる可能性はほとんどない。

⑤ (Step 6：X+%=0.45, Xu%=0.45) 社会からの要求や期待にあまり影響されず，多くの行動が社会慣習を無視したり避けたものになる。

思　考

① (Step 1：EB=3:1.0, L=0.67)「思考型」。自分の内的見立てを頼りにし，外界からのフィードバックをあてにしないだけでなく，感情にも影響されすぎないようにする。意思決定には慎重で的確な理屈を必要とし，なるべく試行錯誤的な行動をとらないようにする。

② (Step 2：EB=3:1.0, EBPer=3.0) 直観的で試行錯誤的な取り組みの方が望ましい場面でも，意思決定行動に感情をほとんど含めない。

③ (Step 4：MOR=4) 思考に影響をもたらす悲観的構えがはっきりしている。

④ (Step 5：eb=8:2, FM=5) 状況に関連するストレスのために，辺縁の精神活動が著しく亢進している。

86　第Ⅱ部　ケーススタディ

⑤（Step 6：Ma:Mp=0:3）不快な状況への対処に空想への逃避を用いる。現実否認のために空想を濫用するので，結果は本人の望みと逆になりやすい。この対処は他者に依存することになるので，自らを無力にしたり，他者から操作されやすくなる。

⑥（Step 8：Sum6=7, WSum6=16）思考に深刻な問題がある。間違った判断が許容しかねるほど出現する。

⑦（Step 9：INC が多い，DR=2）思考のずれがあるという仮説は緩和した方がよい（ただし DR の解釈には留意が必要）。

⑧（Step 10：M−=1）認知的媒介や思考の明確さを妨げるような何らかのとらわれによって，風変わりな思考ができあがっている。

［認知の三側面 で注目したところ］

　この「認知の三側面」には，いわゆるロールシャッハ用語をはじめとした心理学の専門用語が多く含まれています。今回の事例には該当しませんでしたが，たとえば「オーバーインコーポレーティブスタイル／刺激摂取過多スタイル（Zd>3.5）」といわれても，すぐには何のことだか分かりにくいでしょう。専門用語を使わずに所見をまとめようとすると，専門用語の指し示す意味を十分に理解しながら書くことが要求されます。面倒な作業ではあるのですが，こうして日常の言葉で考えることが「伝わる所見」への第一歩ともいえると思います。

　この事例の場合，媒介（＝現実検討能力）が優れていることが大きな特徴でしょう。これをもう少し違った言葉で形容すると，この人は「状況の理解に歪曲が少ない（状況理解は適切で，一般的で常識的な理解が可能である）ということです。現実検討が良好であれば，語られている事柄と現実場面との乖離が少ないと考えられるでしょうし，面接者の言葉をそのまま受け取ることができると期待されます。臨床実践においては，一部のパーソナリティ障害者の例にあるように，面接者の言動を自分自身への攻撃や否定と取りやすい人たちが少なくないことを思うと，この所見は，臨床援助の上で希望のもてるものです。

　ただし，ここで対人知覚のクラスターにある人間反応の比率の解釈が思

第4章　所見例に学ぶ（その1）　87

い出されます。この人の対人認知はいくらか歪曲しやすいのです。これを
あわせて考えると，普段は適切な状況理解が可能なのですが，人との関わ
りになるとこの長所が弱められるということかもしれません。

　また，情報収集にとても努力しがちであることも指摘できます（Zf=16）。
つまり，人一倍さまざまなことに気づいて，これを活かそうとしてい
ると考えられます。ただし，たくさんの事柄に注意を向けていこうと
しすぎるので，自分の力の限界を超えてしまう可能性もあるようです
（W:M=14:3）。場合分けして物事に取り組むよりも，最初から事態を丸ご
ととらえやすいので，向かう目標が大きなものになりやすいところがあり
ます（自己知覚のクラスターで指摘された，自尊感情を過剰に膨らませよ
うとする試みが思い起こされます）。上手くいけば達成感も大きいでしょう
が，しばしばうまくいかないという結果を迎えやすいことが予想されます。

[まとめ：認知の三側面]
　新しい情報を取り入れようとするときには，人一倍努力しようとする
だろう（Zf=16, W:D:Dd=14:4:2, W:M=14:3）。また，物事や事態の受
け取りは大多数の人たちと大きくずれておらず，十分に共有可能な水準
にある。手元の情報をつかって物事を考える機能にも遜色ない。総じて，
認知面は大きく損なわれているわけではないと考えられる（XA%=0.90,
WDA%=1.0, P=6）。
　一方で，これらの機能にいくらか影響が及ぼされる局面のあることも考
えられている。対人関係場面では，本人の不安や主観的な思いが，客観的
な認知を上塗りしてしまう可能性がある（H:(H)+Hd+(Hd)=2:4）。さま
ざまな事柄に注意を向けて取り組もうとする努力家としての側面がある
が，目標が高く設定されがちなばかりか，「うまくいった／いかなかった」
という二分法にとらわれやすくなるかもしれない（W:M=14:3）。人との
関わりも含めて上手くいかないことがあるとき，日頃の妥当な認知機能が
十分に発揮されず，悲観的になりやすかったり，あるいは空想に退避する
ことで，現実から退避しようとするところもあるかもしれない（MOR=4,
Ma:Mp=0:3, M-=1）。

88 第Ⅱ部 ケーススタディ

コラム ロールシャッハ体系間の違いについて

　本来，ロールシャッハ体系の違いを超えてスコアリングをすることは望ましくありません。それは，たとえば包括システムと片口法では，実施方法（座る位置や質問の仕方）などが異なっていて，決められたやり方に従って得られた結果をもとに，標準化されているからです。

　特に質疑の違いは，体系をまたいだスコアリングにかなりの困難をもたらします。包括システムで実施されたデータは，片口法に比べて圧倒的に質疑が少ないのが特徴的です。結果として，仮に包括システムで実施されたデータを片口法でスコアリングしようとすると，多くの片口法の記号がつけにくく（おそらく形態水準評定は，最も困難な例の一つです），また，反応を継起的に読みこむ作業も，片口法に比べると情報量が減るという問題があります。これとは逆に，片口法で実施されたデータは，クライエントの知覚像を共感的に理解しようとして質疑が細かくなされるので，包括システムでは聞かないはずの質問が含まれます。このため，この方法で実施されたプロトコルには，包括システムによる実施では得られなかったはずの情報が含まれる可能性があります。結果として，決定因や反応内容などにいくつかの重大な影響が及ぼされ（多くの場合はコードが増えることで），標準データとの比較照合が困難になります。

　これらの限界がありますが，本書では，読者の学びのための参考のために，あえて体系間をまたいで記号をつけています。ただし，これはあくまでも読者の学びを助けるためのものであって，このやり方を推奨しているわけではないことにご留意ください。

3. 片口法による量的分析

　続いて，プロトコルを片口法でスコアリングして集計した結果と，この集計に基づく量的分析をお示しします。

　片口法の記号による解釈も，CS のときと同じようなやり方で進めてみます。まず各指標ごとに解釈をまとめていきますが，このとき，吉村が注目した点や考えるプロセスをできるだけ言葉にしてみようと思います。そして最後に，Summary Scoring Table 全体の解釈をまとめていきます。

事例Ⅰ 片口法 Scoring List

Card & Resp		Position	Location		Determinant		Content		P-O
			Main	Add	Main	Add	Main	Add	
Ⅰ	1	∧	W		FC'±		A		P
	2		W		F±		A		P
	3		W		F±		A		
	4		W	S	F∓	M	(Hd)		
Ⅱ	1	∧	D		FM±		A		P
	2		D		F∓		Atb		
	3		D		FM±	FK	A		
Ⅲ	1	∧	W		M±	CF,m	H	Fire,Obj	P
Ⅳ	1	∧	W		Fm∓		A	Ats	
	2		D		F∓		Hd		
	Add		D		F∓		(Ad)		
Ⅴ	1	∧	W		FM±		A		P
Ⅵ	1	∨	W		F∓		Food		
	2	∨	W		Fc±		A		
Ⅶ	1	∧	W		M±		H	Cg	P
	2	∨	W	S	F∓		Lds	Pl	
	3	∨	W	S	mF∓		Lds	Na	
Ⅷ	1	<	W		FM±	CF	A	Na	P
Ⅸ	1	∧	dr	S	F∓		Hd		
Ⅹ	1	∨	dr	S	M±		(Hd)		
	2	∧	W		F∓		A		

※ロールシャッハ・テスト整理用紙［型式 K-VIIIB］を一部改変して作成

事例 I　片口法 Basic Scoring Table

Location		Main							Add.
		+	±	干	-	nonF	Total	%	
W	W		8	6			14	67%	
	W								
	DW								
D	D		2	3			5	24%	
	d								
Dd	dd						2	10%	
	de								
	di								
	dr		1	1					
S									5
Total R			11	10			21		5

Determinant		Main							Add.
		+	±	干	-	nonF	Total	%	
F			2	8			10	48%	
M			3				3	14%	1
FM			4				4	19%	
Fm				1			1	5%	
m (mF, m)				1			1	5%	1
k (Fk, kF, k)									
FK									1
K (KF, K)									
Fc			1				1	5%	
c (cF, c)									
FC'			1				1	5%	
C' (C'F, C')									
FC	FC								
	F/C								
CF	CF								2
	C/F								
C	C								
	Cn								
	Csym								
Cp	FCp								
	CpF								
	Cp								
Total R			11	10			21		5

Content		Main			Add.
		Freq.	Total	%	
H	H	2			
	(H)		6	29%	
	Hd	2			
	(Hd)	2			
A	A	10			
	(A)		11	52%	
	Ad				
	(Ad)	1			
At	Atb	1			
	Ats		1	5%	1
	X-ray				
	A.At				
Sex					
Anal					
Aobj					
Pl.f					
Pl					1
Na					2
Obj					1
Arch					
Map					
Lds		2		10%	
Art					
Abst					
Bl					
Cl					
Fire					1
Expl					
Food		1		5%	
Music					
Cg					1
Total R		21			7

※ロールシャッハ・テスト整理用紙［型式 K-VIIIB］を一部改変して作成

第4章 所見例に学ぶ（その1）

事例 I　片口法 Summary Scoring Table

R	(total response)	21		W:D	14:5	M:FM	3.5:4
Rej	(Rej/Fail)	0	0/0	W%	67%	F%/∑F%	48%/95%
TT	(total time)			Dd%	10%	F+%/∑F+%	20%/55%
RT	(Av.)			S%	0%	R+%	52%
R_1T	(Av.)			W:M	14:3.5	H%	29%
R_1T	(Av. N. C)			M:∑C	3.5:1	A%	52%
R_1T	(Av. C. C)		E.B	FM+m:Fc+c+C'	6.5:2	At%	5%
Most Delayed Card & Time				VIII+IX+X/R	19%	P(%)	7	33%
				FC:CF+C	0:1	Content Range	5(5)
Most Disliked Card				FC+CF+C:Fc+c+C'	1:2	Determinant Range	7(2)
∑h/∑h (wt)				W-%		修正 BRS	
				⊿%			
				RSS			

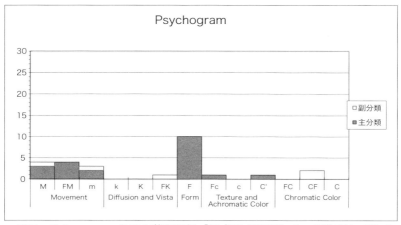

※ロールシャッハ・テスト整理用紙［型式 K-VIIIB］を一部改変して作成

（1）全体の印象

　私は，片口法で考えるときにも，集計表に↑↓などを書きこんで，全体的な傾向を視覚的にとらえるようにしています（本書では Summary Scoring Table などの集計票のみを掲載し，↑↓などの記載は割愛します）。このとき，サイコグラムも参照します。今回の事例Ⅰでは，サイコグラムでみると少し左側に寄っているように見えます。また，↑↓などの記号は体験型や情緒統制に関する指標に多くあるようにも思われました。これらの特徴から，内的活動が活発で主観的な傾向の目立つ人（サイコグラムが左寄り≒外界よりも内的世界の動きが見えやすい人）なのかな，という感触をもちました。さらに，サイコグラムが全体的にあまり豊かではない（どの決定因子の棒グラフもそれほど高くない）ところをみると，全体的に資質がまんべんなくいきわたっていると言えなくもないのですが，適応に資するために役立つ手立て（こういうやり方をすればうまくいくというような得意方略）が身についているわけではないのかもしれない，という感触ももちました。

（2）Summary Scoring Table による解釈

　それでは，Summary Scoring Table を詳細に見ていきましょう。この表は3つの列に別れているので，左列，中列，右列の順に検討していきます。

【左列】

　ここには反応数にはじまり，反応時間やイメージカードに関連した情報が集められています。今回の事例は CS に準拠して実施されているので，反応時間の計測がなく，イメージカードの選択も実施されていません。そのため，ここはほとんどが空欄です。本来であれば，色彩図版と無彩色図版の間の反応時間の違いから，情緒含みの場面での対応のあり方を検討したり，イメージカードの詳細を質的に検討したりすることになります。

【中列】

反応領域

　反応領域はWが少し多いようです（W：D=14：5, W%=67%）。Ddも反応数と比べると少し多いと言えるかもしれません（Dd%=10%）。

　そして**領域に注目するときに忘れたくないのは，反応領域ごとの形態水準，そして反応領域の出現パターンの検討**です。これらを調べるためには，Scoring List や Basic Scoring Table を参照する必要があります[注10]。この事例Ⅰは，ややW傾向が強いようですから，物事を全般的／抽象的に捉える傾向が高いということになります。しかしWの形態水準をみると半数が∓であり，必ずしも良好であるとはいえません。ただしマイナス反応がないところをみると，ひどく歪曲することはないとも考えられます。もしかすると，何かの理由で無理に全体的に考えるところがあって，結果としてうまくいかないことがあるかもしれません。このことは，W：M=14：3.5という比率をみても頷けるところがあります。Mに比べてあまりにも多いWは，本人の資質を超えた頑張りが認められるということになるからです。

　それなら，もっと現実的で具体的に関わるDやDdのときはどうでしょうか。同じように形態水準を見てみると，DやDdでも半数が∓であることが分かります。また，Scoring List をみると，DやDdは特定の図版に集中していることもわかります。どうやらほとんどが色彩図版の反応であることを考えると（Ⅲ，Ⅸ，Ⅹ：例外＝Ⅳ），ここで一つの仮説が浮かび上がります。つまり，この人は「物事に全体的に取り組もうとする傾向が強いが，情緒含みの場面では対応が変わって，一つひとつ具体的にこなそうとするのかもしれない。しかしその試みによって適応が大きく改善するわけではない」というものです。ここで気になるのは，この対応の変化を

注10）ロールシャッハ関係の研修会等で提出される資料に，Scoring List や Basic Scoring Table が添付されていないことがあります。Summary Scoring Table だけしか配布されないと，「この検査者は反応系列や Basic Scoring Table を解釈に使わないんだな」と感じます。でもそれは，大変にもったいないことです。領域は（他のロールシャッハ記号も同様ですが）文脈の中で理解することで意味を増します。ここでいう文脈は形態水準や図版を中心に想定されていますが，場合によっては反応内容や決定因なども文脈として意味をもつかもしれません。

94　第Ⅱ部　ケーススタディ

本人がどのように体験しているのか，そして適応があまり変わらないことについても，どのように感じているのかということです。仕方なく不本意ながら対応が変わっているのでしょうか。それとももっと柔軟なのでしょうか。対応が変わっても成果があがりにくいとすると，がっかりしたり腹が立ったりすることもあるのでしょうか[注11]。

体験型

中列中央に並んでいるのは，体験型や情緒統制に関する指標です。この人は，顕在的にも（M：ΣC=3.5:1），潜在的にも（FM+m:Fc+c+C′=6.5:2），内向型でした。片口（1987）は，内向型の特徴として「より分化した知能，より創造的な能力，より豊かな内面的生活，安定した情緒性や運動性，現実に対する順応の弱さなどをもつ」と指摘しました。その一方で，この人の場合にはΣCが低すぎること，Ⅷ+Ⅸ+Ⅹ/Rが19%と非常に低いところが気になります。Mが豊かだったから内向型になったというよりも，ΣCが低すぎて相対的に内向型になっているように見えます。ΣCは実際に色彩に反応した程度，Ⅷ+Ⅸ+Ⅹ/Rは潜在的な情緒への応答性を表わしています。つまりこの人は，情緒刺激に対して，意識的にも潜在的にも，ずいぶん萎縮していると考えられそうです。「豊かな内面的生活」という所見の重みを少し減らすのと同時に，外界への萎縮によって「内向型のようになっている」といった方がいいかもしれません。

そしてこれに関連してもう一つ注目されるのが，潜在的体験型の左辺（FM+m）の6.5という高い値でした。しかもmが2.5も含まれています。Mのように自分で考えようとして考える思考活動に比べると，FMやmのような衝動や不安緊張体験の大きさが目立ちます。こうして検討していくと，外から見えるよりも内面ははるかに忙しい人で，そのことが周囲には

注11）必ずしもこのような疑問に答えが得られるとは限らないことも事実です。それでも私は，このような疑問をもっておくことが，事例理解の上で重要なことが少なくないと考えています。それは，疑問の生まれるところに被検者を理解する上で重要な何かが含まれていることが少なくないという経験知によるものも大きいのですが，そもそも「疑問（あるいは関心）をもつ」という態度の中には，対象者への臨床的な関わりの本質が含まれると考えられるからかもしれません。

わかりにくいかもしれない，という考えが浮かびます。内向型で情緒にも萎縮気味であるなら，自分の不安を周辺に明かすことには用心深いでしょうし，外拡型のように分かりやすく表現されることも少ないと予想されるからです。

さらに下の指標をみると，FC:CF+C=0:1 となっています。萎縮した情緒体験の中で，一回だけ色彩に反応しているのですが，これが CF でした。また，さらにその下には，FC+CF+C:Fc+c+C′=1:2 があり，右辺は Fc と FC′ で構成されていることが分かります。つまり，感情や感覚の体験には慎重なところがあるのですが，ときどき動かされると，未分化で率直な情緒表現（CF）や抑うつ傾向（FC′）や対人希求性（Fc）が刺激されるようです。FC′ も Fc もこれだけでは肯定的にも否定的にも捉えられませんが，FC+CF+C よりも Fc+c+C′ の方が上回っていたり，Ⅷ+Ⅸ+Ⅹ/R が極端に低いことを思うと，内側で感情や感覚が動くことは心地よいものではなく，「動かされてしまった」という感覚をもたらしかねないと言えるかもしれません。

【右列】

思考の衝動統制と形態水準

M:FM は，自分自身でコントロールできる思考体験の比率を表すと考えられます。この M:FM=3.5:4 という数値は，衝動が思考を上回っていることを意味するわけですから，この人が落ち着いて物事を考えることに難しさを覚えている可能性を意味しています。内向型であることを思うと，ちょっと苦しい所見といえそうです。

また，F 反応の割合は一般的ですが，その形態水準は低下しています（F%=48%, F+%=20%）。同じように，形態優位の反応の割合は遜色ない値を示していましたが，形態水準は急落しています（ΣF%=95%, ΣF+%=55%）。これはつまり，形をしっかり見よう（落ち着いて行動したり判断しよう）という気持ちは十分あるのですが，実際の適応がこの気持ちに追いついていないということです。先に，資質に比べた頑張りの大きさ（W>M），自分なりの考えややり方を重視する傾向（内向型）が指摘

されましたが，この「私なりに頑張る」という思いの強い人が実際の成果に繋がらないことが少なくないのだとすると，本人はこのことをどう体験しているのだろうか，という疑問がわきます。そして賢明な読者の皆さんはすでにお気づきと思いますが，この仮説は，反応領域に形態水準等を加味したときに得られた仮説と似ています。**このように，指標や着眼点を変えても類似の仮説がうかびあがるとき，この仮説の確信度はぐっと上がると言えるでしょう。**

反応内容

　形態水準指標に示される現実検討能力は，全体的に，あまり良好とは言えませんでした。しかしマイナス反応が一つもなく，平凡反応も7つあるので，一般的な判断は十分に可能で，集団との大きな逸脱は少なそうです。むしろP%＝33%はいくらか高い数値でしょうから，一般的すぎて個性に乏しい可能性が浮かび上がります。

　反応内容の幅 Content Range も自我機能の幅 Determinant Range もほどほどにあるといえます。ただし A% が 52% となるといくらか高すぎるようであり，M があまり多くはないのに比べて FM が多いことをあわせると，事例Ⅰの臨床像には，十分に成熟しているとは言いにくい側面があるようにも感じられてきます。

【量的分析のまとめ】

　以上の所見をまとめてみましょう。**所見をまとめるときには，適応に活かされれうる本人の良いところを忘れずに記載したい**と思います。

　発話量を含めた心理的な生産性などは通常程度に維持されていて，興味関心の幅や現実適応のために使える機能も，それなりに備わっていると考えられる。また，適切な判断能力も認められるので，治療関係をはじめとした対人交流は十分に可能な人であると考えられる。

　一方で，外から見える以上に内的体験は忙しく，何かしらの不安や衝動への対応に追われがちなことが予想されている。また，周囲への応答性，

とりわけ情緒的な関わりについては萎縮的である。外界から心理的に距離をとり，あまり個性的になりすぎないようにすることで，適応のバランスがはかられているという一面も否定できない。おそらく，表面的な態度や振舞から推察されるよりももっと情緒的にひきこもり，そして不安の対応にかかりきりになっているものと考えられるだろう。

　また，外界との間に気持ち的に距離をおきやすい傾向と合わせて，自分なりの考え方ややり方で物事に対応しようとする傾向が認められている。ところが本人の気持ちや努力が実を結びにくいことが推察されるために，このときの不安や徒労感，あるいは葛藤などの感情がどのように体験されているのかを知ることは，臨床的関与にとって大切な意味をもつと考えられる（この点については，質的分析（継起分析）で検討したい）。

コラム CSと片口法——記号と指標による解釈の比較

　CSの大きな特徴は，クラスターごとに指標が分類されていること，そして指標ごとにあらかじめ解釈が細かく用意されていることです。これに対して片口法は，指標の意味内容が分類されているわけではありませんし，各指標の基準値も，CSに比べるとあまり明確ではありません。このため，CSの解釈はある程度マニュアル化されていると言えますが，片口法は手探りで，臨床感覚に頼る割合が高くなると言えそうです。CSの明確さも片口法の曖昧さも，それぞれの特徴であり，持ち味と言えるところがあると思います。

　そしていずれの体系であっても，マニュアル化された解釈レポートを越えようとすると難しくなるという点では，あまり変わりがないかもしれません。CSではたくさんの記号が体系化されているので，多くの情報が整理されながら得られる便利さがあります。その反面，定型文の集まりのような結果報告書になりやすいところがあります。また片口法でも，記号ごとの解釈はできたとしても，並べるだけでは同じく「定型文」です。このような定型文から，一人ひとりの個別性を思い浮かべることは難しい場合が少なくありません。必要なのは，「その人の姿が思い浮かぶ所見」です。これを得るためには，教科書に書かれている以上に指標を精査したり，指標間の関係を吟味したりすることが必要かもしれません。

　CSと片口法それぞれで解釈を試みると，いくつかの共通点と相違点が浮かび上がりました。CSの「認知の三側面」は片口法にはない視点で，CSの一つの特徴として考えられるでしょう。一方，どちらの体系でも感情の取扱いの難しさは指摘されています。萎縮した態度，自尊感情の問題なども，各体系でそれぞれの言葉で記述されていることがお分かりいただけることと思います。

第4章 所見例に学ぶ（その1）　99

4．ロールシャッハ・プロトコルの質的検討（継起分析）

　次に，図版ごとにプロトコルと継起分析を記載していきたいと思います。質問段階の反応語の中で括弧内に示されている記号は，**太字**がCSのコード，下線が片口法のスコアを表しています。〈　〉は検査者の発言，（　）は被検者の様子を示しています。

[Card I]

あ，これ見たことありますよ。
(1) 〈　なんて言う…コウモリとか。
(INQ)（反応を繰り返して読み上げる）コウモリはパッと見ですよ。色とかもあったし。これが羽っぽい（**D2**, <u>D2</u>）。これが胴体（**D4**, <u>D1</u>）。黒いからコウモリ。
CS：Wo1　FC'o　A　P　1.0
片口法：W　FC'±　A　P

(2) 〈　チョウチョ。
(INQ) チョウチョはね，単純に好きなんですよ。今，すごいはまってて。これ羽なんですよ（**D2**, <u>D2</u>）。きれいに見ようと思えばみれるかなーと思って。でも二回目に見たら，あんまりチョウチョに見えない。
CS：Wo1　Fo　A　P　1.0　DR
片口法：W　F±　A　P

(3) 〈　…と，あれ，カブトムシって飛びます？　だったらカブトムシ。
(INQ) これがね，胴体でしょ？（**D4**, <u>D1</u>）これ（**D1**, <u>d3</u>）がぴょってなってるでしょ，クワガタとかって，ぴょって（頭の当たりに角をつけてみせる）。それが飛んだらこうなるかなって。これが羽（**D2**, <u>D2</u>）。うん。
CS：Wo1　FMau　A　1.0
片口法：W　F±　A

(4) あと，怒った顔。
(INQ) 怒ってるっていうかね，イヤな顔。〈顔〉これが目で（**DdS30**, <u>図版内</u>

100 第Ⅱ部 ケーススタディ

上部S），これが口（**DdS29**,図版内下部S）。〈怒ってる〉分かんない。本人がどうかは知らないけど，怖く見える，こっちには。これ，ぴょっぴょって角みたい（**D1**,d3）。〈何の顔？〉例えて言うならば，アンパンマンに悪魔が乗り移ったような顔。ここがふっくらしてるから，アンパンマンに見える。

CS：WSo1 Fu （Hd） 3.5 GHR

片口法：W,S F± M （Hd）

継起分析

　初めて経験するロールシャッハ法で，図版を手にしてまず発せられたのは，「あ，これ見たことありますよ」でした。検査者に親しみの感情を見せるような語りかけは，潜在的な不安を緩和するための方略として使われているのかもしれません。

　反応1と反応2は，CSでも片口法でも平凡反応に該当するものでした。反応1は，部位の指摘（「羽」「胴体」）も適切でしたが，運動反応になるほど伸びやかにはなりませんでした。図版の黒色に反応しているところをみると（C′），もしかすると，少し気持ちを抑制しようとするところがあったかもしれません。そして同じP反応の反応2では，「好き」「すごいはまっていて」と，好印象であることが強調されています。ところがその直後，「きれいにみようと思えばみえるかな」と，あれほど「好き」と意味づけていたのに自分の反応（見方）に自信をなくしていき，さらに「2回目に見たらあまり見えない」と自己否定を重ねているところに注目されます。また，CSではDRに相当し，感情のふくらみによって思考が拡散傾向にあることも指摘できます。

　続く反応3も，基本的な反応の見方は，この前の2つの反応と同じでした。検査者に確認しながら反応を決めていったり，いわゆる「タメ口」で親しげに語ることが続いています。

　最後の反応4では，反応段階から「怒った顔」という主観的な意味づけが与えられました。しかしこの怖い知覚対象（悪魔）が思い浮かぶものの，「アンパンマン」という形で何とか恐怖心を緩和しているといっていいの

第4章 所見例に学ぶ（その1）　101

でしょう。怖さが緩和されるという点でみれば不安への対応としては成功しているのですが，「こっちには怖く見える」という形容の仕方には，自分の気持ち（怖さ）を率直に表現しにくいところがあるとも言えそうです。

　また，この4つの反応をめぐる一連の不安防衛で，認知的に大きく損なわれることはありませんでした。

　この図版での4つの反応を通して，検査態度は一貫して親しげです。ところが，反応は平凡反応水準の同じような見方に終始していたり，FMのような伸びやかな衝動性の発露が認められないところには，図版という現実に対して無難に（または警戒的に）接しようとしている可能性がうかがわれるでしょう。自我状態が大きく揺れ動く様子は観察されませんでしたが，おそらく内的には，もっと多くの自己主張をしたい，親密さをあらわにしたいという願望があるのと同時に，これを表現することへの戸惑いがあって，両者の葛藤が動きやすいものと思われます。

[Card II]

(5)　お猿さんが手を合わせてる。二匹。
(INQ)　そう，パッと見たらこっち座ってて，こうやってやってる（手を合わせてみせる）。二匹向かいあわせ。〈どのように見ているか教えて〉これが手でしょ（**D4**, d1），合わさってる手で，腕があって，顔があって，座ってる胴体があって，足があるの。あと，なんかね，モコモコしてる。尻尾も。〈モコモコ〉一直線じゃないところ。私，絵描くんですけど，毛とか描くときに，一本ずつ描くと大変だからモコモコって一直線じゃなく描いて，そうすると毛みたいに見えるかなって。

CS：D +1　FMpu　2　A　3.0　INC,PER

片口法：D1 × 2　FM±　A　P

(6)　ほかは，骨盤。
(INQ)　なんかね，何て見たんだろ。骨盤ってお尻の骨ですよね。何て見たのか分かんないけど何となーく。別に何がっていうのでないんだけど，体が燃えたら，残ったらこうやって見えるのかなって。〈どこ〉ねー。別にね，

102 第Ⅱ部　ケーススタディ

はっきりこれっていうのはないの。何だろーね。なんか骨盤ってこうやってゴツゴツしてて（外輪郭をなぞって示す）。真ん中に穴があるの。

CS：DSo6　Fo An 4.5 MOR
片口法：D1 × 2　F干　Atb

（7）うーん，ウサギ？
（INQ）寝そべってるウサギがいて。これ（左）は何かに映った影。こうやって，横に。〈どう見たら〉手でしょ（**D4**, d1），べたって。で，鼻があって，耳があって（**Dd31**, D1 上部突起）。

CS：D+6 FMp.Fro A 3.0 INC
片口法：D1 × 2　FM±FK　A

継起分析

　反応5は，赤色領域を使わずに反応が作られています。色彩刺激に関わらないことで，ある程度妥当な反応を知覚できていると言えそうです。質問段階では身振りも交えながら詳しい説明が加えられて，活気の感じられる口調になっています。また，「モコモコ」という材質感を思わせる指摘もありました。しかし，ここで濃淡に言及せず個人的な体験をもちだしているところには，Ⅰ図のときと同じように，自分の内にある「甘えたい」という気持ちに率直ではいられない様子がうかがわれるのかもしれません。二者関係の知覚が「二人の人間」ではなく「二匹のお猿さん」であるところにも，リアルな親密さからの距離がうかがわれます。

　反応6になると急に形態が曖昧になって，大雑把に輪郭を捉えただけになりました。「燃える」という火の存在を暗示するような言及があるところをみると，赤色を含む図版からの影響を回避するために心理的距離をとろうとして，形態把握が低下したのかもしれません。それでも，「体が燃えたら，残った（骨盤）」という意味づけには，色彩刺激によって強い無力感が喚起された様子がうかがわれます。無難にまとめられた反応5との落差が大きく，内面での動揺の大きさがうかがわれます。

　続く反応7「うさぎ」の見方は，（鏡写しであるという点を除けば）反応5とあまり変わりがありません。図版の位置は変わるものの，同じよう

第4章 所見例に学ぶ（その1） *103*

な見方で対応できる反応をみつけることで，安定を取り戻したと考えられそうです。CSでは，反射反応は自己への過剰な関心と理解されますが，前反応で不安と攻撃性が強く刺激されただけに，この不安衝動を克服するためには，自分で自分を抱きかかえるような対応が必要だったのかもしれません（本書 p.81 参照）。

[Card III]

なーんだろう。
(8) なんかね，なんとか民族とかが，何かのお祈りとか呪いとかやってるところ。んー。…にしか見えないかな。
(INQ) そうそう（笑）。これがさー，なんかの器っていうの，釜みたいなので（D7, D5），これが人なのね（D9, D2）。これが火（D2, D1），メラメラって。〈人はどう見たら〉これが顔。これが胴体で，これが手，これが足。〈火について〉火って上に昇って行くから。一本ぴょーってててるのが上に行ってるのが。…し，色も赤かったからかな。なんだろ，民族，宗教とか。あんまり普通じゃないでしょ？　こういうお祈りの仕方とかしないでしょう？

> CS：W+1　Mp.ma.FCo　2　H,Fi,Hh　P　5.5
> 片口法：W　M±CF,m　H,Fire,Obj　P

継起分析

　Ⅱ図とは違って，赤色刺激を取り入れた全体領域の反応になりました。反応態度は，ますます親しげでなれなれしくなっているようです。かわいらしく演技的な態度といってもいいでしょう。

　反応内容はP反応の人間でした。つまり，この図版でも大きな認知的な問題は認められず，一般的で常識的な対応が可能な様子がうかがわれました。しかし，この人間像の動きはあまり活発とは言えません（「祈り」「呪い」；Mp）。むしろ火の方が，擬態語も交えながら活発な動きが指摘されました（「メラメラ」「ぴょーって出てる」；ma）。赤色も決定因子に取り

104 第Ⅱ部 ケーススタディ

入れられていますが，赤色の指摘は質問段階の後半でようやく登場して，その後，反応全体の中に統合されているように見えます。色彩への関与に時間がかかるところからは，感情体験に対する慎重な対応がうかがわれます。

mに示される不安動揺はありながらも，説明の中にはいくらか退行した楽しげな様子も見受けられます。色彩刺激にふれつつも距離を維持して，不安に巻きこまれすぎずにいられたことで，この反応一つで終えられたのかもしれません。あるいは，これ以上関わると不安が強くなるかもしれないので，ほどほどのところで終わりにしたのかもしれません。

[Card IV]

(9) カエルの死骸。…うーん？ うん。

(INQ) カエルがいて，べしゃんって上から潰す感じ。〈もう少し教えて〉とりあえずこれが頭でしょ（**D3**, d1），これがべしゃんってなった手で（**D4**, d2），これが足（**D6**, D3）。これが体の中身（**D1**, D1）。びしょーって出てきた。

CS：W+1 mau A,An 4.0 MOR

片口法：W Fm干 A, Ats

(10) ここだけ足に見える（笑）。

(INQ) そう，これがさー，ボンって。〈もう少し〉こうなってて（図版上部を手で隠して見せる），あ，こうやってると顔に見える。〈その顔は後で教えてもらいます。まずは足について〉横向きの足が二本。〈何の足〉大きい男，大男の足。

CS：Do6 Fo 2 Hd

片口法：D3 F干 Hd

（追加反応：顔）

(INQ) これがね，髪の毛でしょ，て，ちょっとここら辺に黒くなってるのが目。うーん。ここがね，狼っぽい鼻と口。狼男の顔，横顔。

CS：集計に含めず（参考：Do6 F-（Hd））

第4章　所見例に学ぶ（その1）　*105*

片口法：D3　F∓　（Ad）

…これ，難しかったです。

継起分析

　Ⅳ図の最初の反応は，カエルでした。反応段階から死骸という意味づけが与えられ，質問段階に入ると「べしゃん」「びしょー」という擬態語を交えながら，さらに生々しく潰れた姿が明細化されています。検査者に促されることで反応の詳細を説明できていますが，冷静さを取り戻そうという姿勢はみえにくく，「潰れた」という不快感を誇張することに気持ちが向いていると考えられます。濃淡が強く外に広がる形状をもつこの図版で，嫌悪感や警戒心が一気に高じたことで，この不快感の強調に至っているのかもしれません。結果として，濃淡刺激の柔らかさや，そこから感じられやすい親密な感情に触れることはありませんでした。

　その後，領域を限定して決定因もＦに限ることで，現実把握の回復が達成されています。さらにその後，質問段階における追加反応であるために包括システムでは集計の対象には含まれませんが，前反応と同じ領域が狼の顔に見えてきたようです。警戒心の名残が，威嚇的な対象像の認知をもたらしたと考えることができるかもしれません。

[Card V]

(11) 蝶々。
(INQ) これ蝶々。きれいな蝶々。〈どのように見たら〉これが触角（**D6**, <u>d1</u>），これ，クイってあるでしょ。て，これが羽なのね（**D4**, <u>D1</u>）。前屈み，どうやって言ったらいいかな，後ろにこんな感じの（図版を立てて上部をやや奥に傾けている）。飛ぼうとしてるとこ。飛んでるとこにも見えるけど。よく蝶々の絵ってこういうの（図版下の「尻尾」の部分）ついてるじゃないですか。私あそこ好きで，そこもついてるからきれいな蝶々。

106　第Ⅱ部　ケーススタディ

CS：Wo1　FMao　A　P　1.0

片口法：W　FM±　A　P

これってこの角度ですよね？〈ご自由に〉あ，いいんですか。こうやっても？
　（徐々に図版の向きをかえて，正位置まで一回転する）

んー。でもチョウチョにしか見えないかな。

継起分析

　平凡反応が一つ報告されています。初めて検査者に図版の向きについて質問して，回転しながら別の見方を模索したようですが，結局，別の反応はみつからなかったようです。

　反応のつくりはシンプルですが，きれいな蝶であることが強調されています。Ⅴ図は刺激の弱い場面ですが，この場面で「飛ぶ」という動きは認められるものの，どちらかというと「飛ぼうとしている」という感じで，活発な動きにはなりきれていません。無難で安定しているとも言えますし，「きれい」と良いものであることが強調されるだけで，内発的な活気はあまりはっきりしないと言ってもいいかもしれません。

[Card Ⅵ]

あー!?　どんどん難しくなりますよ？　…何だろう？

(12)　∨　アジの開き。

(INQ) アジの開きって真ん中からべちょって開くじゃないですか。開いたときに，こっちが顔側で〔図版下〕，こっちが尻尾（D3, D1）。こっちが身，食べるところ（D1, D3 × 2）。

CS：Wo1　Fu　Fd　2.5　MOR

片口法：W　F∓　Food

(13)　∨　…と，猫の死骸。ぺちゃってなった。

（INQ）そう，まっぷたつにべちゃっ，べちゃってなってんの。車にひかれたって感じ。〈もう少しどう見たらいいか教えて〉これが手なのね（**Dd24**, d1）。これが足で（**Dd25**, d4），これが尻尾（**D3**, D1）。て，こっちとこっちが半分に割れた顔。あとこれがね，犬とか猫とかって肉球ついてるじゃないですか。て，肉球ついてないほうの手とかってあるじゃないですか。私そこ好きなんですよ。だから。腕だけ縞模様の猫。

CS：Wo1　FYo　A　2.5　INC,MOR
片口法：W　Fc±　A

継起分析

Ⅵ図では2つの反応が認められましたが，いずれも「べちょって（開かれた）」「死骸（べちゃってなった）」という，不快感を伴う意味づけが加えられています。擬態語が使われているところや，切り開かれた対象であるところは，濃淡刺激の強いⅣ図の反応と似ています。

反応12は食物反応にMORが伴われていて，依存対象に向けられる不快感がうかがわれます。しかし肝心の濃淡刺激については言及せずに形態だけで説明されています。反応13では濃淡に触れることができましたが，その領域はかなり限定的です。しかもTでなくYのコードになっていて（片口法ではFcですが，この濃淡の使い方は材質感とは違って，表面の模様を指摘したことによるものです），この人が依存対象に向ける葛藤を自覚することの難しさが示されています。そんな中で，検査者に「私，そこ好きなの」と伝える様子もあり，何とかしてこの場面で楽しもうとしている（そしてその気持ちを検査者に伝えようとしている）ことが考えられそうです。

[Card Ⅶ]

（14）男の子と女の子…がね，見あってるところ。うん。キスするところ。
（INQ）そうそう，なんか童話とかにありそうな。かわいかったんだよね，イ

108　第Ⅱ部　ケーススタディ

ンディアン風て。これが顔て（**D1**, D1），これが体（**D3+Dd23**, D4+D5）。
これが手（**Dd21**, D4 外側突起部分）。これが足の方。全くこっち（左）も
そうなんだけど，インディアンの子って羽ついてるじゃない？　ぴょって。
これがそう（**D5**, d2）。て，向かいあってる。別に男の子と女の子の違いは
ないんだけど，もしこういう絵があったら，女の子と男の子の方が自然かな。
CS：W+1 Mpo 2 H,Cg P 2.5 COP,DR
片口法：W M± H,Cg P

（15）∨　逆にすると，洞窟の入り口。
（INQ）これが白い部分が空いたとこの部分って言うの？　入り口？　て，こ
ういうのがなんか生い茂った木みたい。木とか，苔とか，岩とか。〈木とか
苔とか岩とか〉それは単なる，単にね，ぱって洞窟をイメージしたときに，
まわりにありそうなもの。
CS：WSv1 Fu Ls
片口法：W,S F干 Lds, Pl

（16）∨　…とねー，山ん中にある湖。ダムっぽい感じの。
（INQ）そう，それはね，こう，山とかに囲まれてんの。ここのこういう部
分が湖っていうか（**DS7**, 図版内部のS），ダムっぽい感じて。て，こっち
（下）に流れてく感じ。すごいきれいだよ。〈山〉山っぽかったっていうか
ね，なんだろ，ぱっと思った…こういうのがちょっと斜めじゃん（図版の
外輪郭を指さしている）。そうするとこう，山に見えるの（笑）。なんか知
らないけど，湖だとまわりは山の方がきれいだし，テレビとかてもやるじ
ゃないですか。まわり山て。ああいうのきれい。そういうのに似てる。
CS：WSv1 mpu Na PER
片口法：W,S mF干 Lds, Na

継起分析

　反応 14 は平凡反応で，反応の説明にも必要な部位の説明がもりこまれ
ています。やわらかく明るい印象を与えることの少なくないこの図版で，
「童話」という害のなさそうな想定のもとに，楽しさやかわいらしさが強
調されています。検査者からの質疑が挟まれたわけでもないのに，通常
の平凡反応のままで終えるのでなく，左右対称の人間像を「男の子と女の

子」に見立てるなどの主観的意味づけが与えられる必要があったのは，背後に不安がうごめいていたからかもしれません。親密さが大人の男女のものとして説明されているのではなく，「童話」「子ども」である点にも注目されます。

　実際，この「キスするところ」という親密な関わりへの連想を含む反応に続いたのは，図版中央のS領域を中心にして作りあげられた風景の2つの反応でした。これらの反応はいずれも漠然とした知覚で，遠い位置から眺めたような反応です。親密になることから刺激された不快感や不安感から，一気に距離をとる必要があるために生じた反応と思われます。反応15に比べて反応16になると，遠ざけるだけでなく，もっときれいな風景にしようとしたり，「テレビでもやる」という主観的な意味づけと自信のなさを補填するような合理づけが付加されています。拭いきれない不安への防衛的な対応が続いていることがわかります（無生物運動反応mがつけられているのは，こうした内的緊張感の現われかもしれません）。

[Card VIII]

なんてこういうのって対称なの？　理由はあるんですか，先生？
(17) ＜　縦にすると，岩をね，爬虫類系が歩いてるのが，水面に映っているところ。
(INQ) ここがね，水面なんだよ。こういう，こういう四角っぽい形のがきれいな石（**D6**，D1 を除いた残りの領域）？　うん，黒っぽいのじゃなくて本当にこういう色した石？　三角っぽかったり四角っぽかったり。それでこれが虫っていうか，爬虫類，動物（**D1**，D1）。〈動物〉これが顔でしょ，これが手とか足なのね。これが胴体で。そうやって考えると，何なんだろうねー。猫とかには見えないしね。そうすると爬虫類かなって。て，こっちが水面に映った方ね。うん，逆（＞）も一緒。

CS：W+1　FMa.Fr.FCu　A,Ls　4.5　INC
片口法：W　FM±　CF　A, Na　P

---

110   第Ⅱ部　ケーススタディ

継起分析

両脇の赤色領域に平凡反応（または平凡反応に準じる反応）を知覚して，これをもとにした全体反応を作りあげています。この図版は初めての多彩色図版ですが，色彩の用いられ方は限定的で慎重で，石の色として少し使われただけでした。また，平凡反応の動物も，「爬虫類」「猫とかには見えない」とはっきりしません。鏡映像を見ることで反応をまとめましたが，反応全体として，活力や元気に乏しい様子がみてとれます。この人は，他の図版ではかわいらしさを強調することが少なくありませんが，この図版ではその様子もあまり認められませんでした。

おそらく多彩色という刺激の多い場面で，他の場面ほどの余裕がなかったことがうかがわれます。包括システムとしては多めの決定因子がついている点も，この場面で精神的にかなり刺激されて忙しくなり，対応に苦慮している可能性が示唆されます。

[Card IX]
>∨<∧
(18) ここだけ人の鼻に見える。あとないです。
(INQ) そう。これなんにも分かんない。ここちょっと，水色っぽいここあるでしょ，これが鼻て，これが鼻の穴。

CS：DdSo22　F−　Hd　5.0　PHR
片口法：dr,S　F∓　Hd

継起分析

図版の向きを何度も変え，反応を出すまでに苦労した様子が認められます。そして本人も「これなんにもわかんない」と自覚しているように，この図版ではほとんど反応らしい反応を出すことができませんでした。ようやく報告された反応は，この図版の中でもっとも色彩刺激の弱い領域の一つに指摘された「人の鼻」だけです。決定因，反応内容，形態水準のいずれの観点でみても，好ましい反応とはいいがたいものでした。複数の色彩

第4章　所見例に学ぶ（その1）　*111*

があり，しかもこれが混ざりあっているような複雑な刺激を目のあたりにするとき，言い換えるなら，Ⅲ図やⅧ図のように，明らかに「人」「動物」と見えるような，明確な手がかりのない場面においては，この人が外界からの刺激に影響を受けて対応に苦慮しやすく，ほとんど手も足も出なくなってしまうことがうかがわれそうです。

[Card X]

（怪訝そうに笑いながら）はい？

(19) ∨なんかね，アニメとかに出てきそうなね，キャラクターの顔。

(INQ) ここが目でね（**D2**, D2），これが笑ってる口なの（**D3**, D5）。これが顔の輪郭なの。〈笑ってる〉笑ってるのー。だからキャラクターなの。アニメなの。

CS：DdSo22　Mp－　(Hd)
片口法：dr,S　M±　(Hd)

(20) あとねー，クモとかね，気持ち悪い虫がいっぱいいる。

(INQ) これがクモ（**D1**, D1），で，こういうこれとか（**D8**, D13），これ（**D7**, D9）が虫なの。クモ，私，大嫌いなんですよ。そういう気持ち悪いのがなんかいっぱいあるから，気持ち悪い絵。〈クモ〉なんかこうやって足がいっぱい出てて。クモってチョンチョンチョンって毛が生えてるじゃないですか。それがね，ここにあるの。こっちの虫は，こういう，みょってなってるのが足。これも足。こういうとこが胴体。こういうのが手なんだけど，何っていうのではない。知らない虫も他にいっぱいいるから（図版全体を大まかに囲う）。

CS：Wo1　Fu　2　A　P　5.5　INC
片口法：W　F干　A

継起分析

Ⅷ・Ⅸ図に続く多彩色図版であり，ここでも苦労している様子がみてとれます。この図版最初の反応 19 は「キャラクターの顔」で，部位の指摘はありますが，どのようなキャラクターなのか，特徴がよくわかりません。笑っている顔のようですが，この笑いがアニメのキャラクターの根拠としても活用されていて，どこか無理な説明になっているように感じられます。そして反応 20 では不快感が明瞭になり，「気持ち悪い」「大嫌い」と語られています。CS では平凡反応としてコードされる「クモ」も含まれますが，この反応が扱いにくいものとして体験されていることがうかがわれます。この二つの反応には，この人がときどき用いる「かわいらしく，いいもの」という美化の意味づけも十分に活用できないままで，多彩色図版という情緒含みの場面で，いかにやりにくくなるのかが示されていることと思います。

5. 所見作成までの準備(記号による解釈と継起分析の統合作業)

ここまでで，かなりの作業をこなしてきたことになります。実際に所見をまとめていると，この段階まで来ると終わりが見えて来たという感じをもたれるかもしれません。

ここから，具体的な所見の作成にとりかかります。このとき，何を書くのかという内容の吟味とともに，どのようにまとめるのかという，相手に伝わる所見にするための工夫も必要です。そしてこの段階の作業が，かなり難しいものになることが少なくありません。

所見のまとめ方に決まりはありません。CS は指標がクラスターごとに体系化されているので，クラスターごとの解釈に継起分析で得た所見を追加していくやり方があるだろうと思います。

一方で，継起分析は，反応語や反応態度ばかりでなくスコアリングも参照しながら行うものであり，集計結果から得た解釈を念頭におきながら反応語を読み取っていく作業です（記号による解釈を省略して反応語だけを読んでいくやり方は，主観的になりすぎる恐れがあるので推奨されませ

ん）。したがって，継起分析には記号による解釈のエッセンスが含まれるので，この結果を中心にまとめていくやり方も考えられます。片口法であればこれがスムースなやり方でしょうし，前著の事例Ｆは，（CSで実施したデータでしたが）このやり方を採用しました。

今回の事例Ｉも，前著同様に，継起分析を中心にしたまとめ方を採用してみようと思います（対照的に，次章ではCSのクラスター分析を意識した解釈レポートを提示しています）。

所見をまとめるということは，対象者の全体像を描き出そうとすることです。「要するにどういう人なのか」という観点で，これまでの所見を再検討して，統合していく作業が必要です。

継起分析を中心にこの統合作業を考えるとき，複数の図版で共通して認められた特徴がないかどうか検討することは大切です。図版の違いを越えて認められた特徴なら，その人の傾向としてかなり高い信頼性をもって指摘できるからです。

また，記号による解釈や継起分析を通して得られた所見をみていると，特定のパーソナリティの可能性が浮かぶ場合があります。パーソナリティ理解には，精神分析をはじめとした臨床理論が寄与していることが少なくありません。これらの**理論を念頭において，解釈内容と理論を行き来しながらパーソナリティ像を描き出そうとすることは，所見作成に有益**です。

精神分析には「ヒステリー」「強迫」「ナルシシズム」などのパーソナリティ理解についての豊富な蓄積があります。すべての事例が特定のパーソナリティにあてはまるわけではないのですが（むしろ，特定のパーソナリティにきれいにあてはまる場合は少ないでしょうし，安易にどれか一つに決めつけることは危険です。このことはパーソナリティ像の検討だけでなく，発達障害等の鑑別にもあてはまります），参照枠としてパーソナリティ理論をもっていると，臨床理解に広がりと深みがもたらされます。たとえばナルシシズムに問題がある人は，嫉妬や羨望をもちやすく，自尊感情の急落（とそれに伴う抑うつ症状）を体験しやすいなどの知識をもっていると，ロールシャッハ指標やプロトコルで得られた解釈がまとまりをもって見えてくるかもしれません。

114 第Ⅱ部 ケーススタディ

　それでは，今回検討している事例Ⅰの場合はどうでしょうか。プロトコ
ルを質的に検討していく中で図版を越えて一貫して認められたのは，検査
者に向けられる態度と反応語の間のズレでした。検査時の態度に一貫して
いたのは親しげで甘えるような口調であり，社交的で人なつこい印象を与
える態度です。いわゆる「ため口」や擬態語の多さも，これらの印象を強
くしています。ところがこの態度は，反応語から読み取れる特徴と矛盾し
ていました。ロールシャッハ・データは，この人が情緒的な交わりには慎
重で，人と近しい距離になることに不安や嫌悪感をもちやすいことを示し
ています。人間関係についても感情体験についても，楽しむことから遠く
離れているように見えるのです。このことは，たとえばⅠ図の反応継起に
明瞭に示されたように，自己主張の問題としても現れているように思われ
ました。

　この態度と反応語の違いは，CSによるクラスター分析にも，片口法の
量的分析の中にも，それぞれ言葉を変えて表現されていたように思います。

　CSの解釈では，自己知覚クラスターで記述されている自己評価をめぐ
る矛盾に，これに関わる所見が描写されていました。片口法でも，指標間
の関係を細かく検討していくと，外から見える姿と本人の内面で展開する
不安葛藤の間に溝が指摘され，態度と反応語の不一致につながる所見が
得られていたと言えそうです。色彩刺激への応答の乏しさ（CSにおける
Afrや片口法におけるⅧ＋Ⅸ＋Ⅹ／Rの乏しさ，色彩反応の少なさ），やや
少ない人間運動反応に示される共感体験の乏しさ，人間反応の比率（Hよ
りもHd等が多い）なども，この所見と関係しているといえるでしょう。

　態度と反応語の不一致を検討する中で見えてくる「依存をめぐる葛藤」
「感情体験への用心深さ」についても，この事例を記述する上で丁寧にま
とめておきたい特徴であると思いました。濃淡刺激の強い図版で，この人
はしばしば生々しい不快感を強調しています。人に対する興味関心は失わ
れておらず，表向きは親しげに振舞っているのですが，実は，甘えている
自分への不快感や不安をもっていると考えられるのです。

　このように，①依存をめぐる問題があり，②外から見える自分を意識し

た振舞いが認められ，③反応語に明るく楽しい雰囲気が多く認められるが，④実は，十分に心理的に成熟しているとは言えないという特徴をあげていくと，「ヒステリー性格」というパーソナリティ像の可能性が浮上してきます。さらに，濃淡刺激で不快感が高じても形態水準が大きく崩れるわけではなく，推論過程が歪むわけでもなく（CSにおける認知の特殊スコアがつかない），さらに原始的否認やスプリッティングなどの原始的防衛機制が発動されているわけでもないところを見ると，病態水準は神経症水準に留まっているのではないか，という解釈が考えられそうです。

　最後に，検査結果に対する本人の期待についても触れておきます。心理検査実施前に，検査結果から知りたいことを本人に尋ねても明瞭な返事は得られませんでした。「先生が教えてくれることを聞きたい」という語りは受身的ですが，その一方で，心理療法については前向きな姿勢をみせています。どうやら，本人なりに困っているところがあり，心理療法に対して何かしらの期待もあるのですが，どれくらい自分で自分について考えたいと思っているのかはわかりにくいという特徴があります。

　この点は，上記のパーソナリティ像とも矛盾しません。検査結果から予想されるこの人は，検査結果を伝えられると喜んで受け取り，さらに心理検査や検査者をもちあげるような言動さえ見せるかもしれません。でもその内面では，表に現れる言動とは違う体験がありそうです。このあたりの点についても，所見の中で少し触れられるといいかもしれない，と考えています。

　以上の理解をもとに，私なりにまとめた所見をお示しします（あくまでも一つの例に過ぎないことを強調しておきたいと思います）。なお，ここまでは片口法とCSの2つの体系で記号化してきましたが，以下に示す報告書では，便宜上，CSの記号と指標だけに特化して記載しています。

心理検査 結果報告書

患者氏名：事例Ｉ（20歳代，未婚女性，会社員）
主 治 医：精神科　＊＊＊＊先生
診　　　断：摂食障害
検査目的：① パーソナリティと病態水準のアセスメント
　　　　　② 心理療法の適否
実施検査：ロールシャッハ法（包括システム）
　　　　　＊他の検査については記載を省略（以下，同様）

検査実施日：Ｘ年Ｙ月Ｚ日
報告書提出：Ｘ年Ｙ月ＺＺ日
検査報告者：吉村 聡（臨床心理士，公認心理師）

心理検査導入までの経緯

　ダイエットを目的に，高校時代から過食嘔吐が始まった女性である。職業的に人前に出る機会が多いことも，体型への意識を強める要因になったかもしれない。それでも，一時は毎食後の過食嘔吐が持続されていたのに比べると，現在の頻度は，日に一回程度まで落ち着いてきている。

　当院受診のきっかけには，現在交際している男性からの勧めが影響したようである。さらに，本人としても嘔吐が苦しくなってやめたいが，自分だけではどうにもできないと感じられていて，心理療法にも関心を寄せている。その一方で，投薬治療には不安が強く，薬剤への依存を心配している。

第4章 所見例に学ぶ（その1） 117

表1　ロールシャッハ法結果（構造一覧表）

Control

R	20	L	0.67 (8/12)		
EB	3:1.0	EA	4.0	EB.Per	3.0
eb	8:2	es	10	D	-2
		Adjes	8	Adj D	-1
FM	5	SumC'	1	SumT	0
m	3	SumV	0	SumY	1

Affect

FC:CF+C	2:0
PureC	0
SumC':WSumC	1:1.0
Afr	0.25
S	6
Blends:R	3:20
	(15%)
Col-Shd Blend	0
CP	0

Interpersonal Perception

COP	1	AG	0
GHR:PHR			3:3
a:p			5:6
Food			1
SumT			0
H-Cont			6
PureH			2
PER			2
Isol Index			0.20

Ideation

a:p	5:6	Sum6	7
Ma:Mp	0:3	Lv2	0
2AB+Art+Ay	0	WSum6	16
MOR	4	M-	1
		Mnone	0

Mediation

XA%	0.90
WDA%	1.00
X-%	0.10
S-	2
P	6
X+%	0.45
Xu%	0.45

Processing

Zf	16
W:D:Dd	14:4:2
W:M	14:3
Zd	-2.5
PSV	0
DQ+	6
DQv	2

Self Perception

3r+(2)/R	0.55
Fr+rF	2
SumV	0
FD	0
An +XY	2
MOR	4
H:(H)+Hd+(Hd)	2:4

PTI = 0 [　]　　DEPI = 4 [　]　　CDI = 4 [レ]　　S-CON = 5 [　]　　HVI = [No]　　OBS = [No]

検査時の様子

　　検査には協力的だったが，検査者にすぐ近くから話しかけるような口調が多く，甘えてもたれかかるような態度が特徴的だった。「ぴょー」「べちゃん」などの擬態語も多用された。一方，嘔吐に伴う抑うつ感情や疲労などは，検査態度から感じられなかった。全体的に，実年齢よりもいくらか下にみえるような言動が認められた。

1. 外に向けた態度と内的体験との不一致

　検査中は，社交的で人なつこいような態度が一貫していた。検査者に人見知りしたり不安をみせることはなく，親近感を思わせるような態度が続いた。

　ところが検査結果に認められたのは，人との距離が縮まることへの懸念と，感情体験に対する苦手意識だった。対人関係にしても感情体験にしても，これを楽しむ様子はほぼ観察されず，むしろ嫌悪感の増す様子がうかがわれている。

　つまり，態度と検査結果との間に明瞭な不一致が認められている。そして同様に，もっと自分を主張して認めてもらいたい願望と，それとは逆に，臆病で関わりから身をひきたい気持ちとの間にも不一致の傾向が認められている。

2. 依存をめぐる不快感と葛藤

　一般に期待されるのと同じ程度に，他者への興味関心をもっているところがある。その一方で他者をそのまま認知することは難しく，他者理解は一面的で部分的になりやすい（H-Cont=6, PureH=2）。表面的な人なつこさとは逆に，本当は，対人関係への用心深さや苦手意識をもっていることが予想されている（T=0, CDI=4）。とりわけ，相手との心理的な距離が近づきそうになると親密になりたいという欲求は刺激されるのだが，同時に不快感と嫌悪感がわきおこりやすいところに，本人の苦しさがあるのだろう。結果として人との関わりに拒否感が増し，依存したい自分のことも相手のことも受け入れがたくなり，親密な関わりをつくり維持することが難しいようである。検査態度に認められたような，相手に甘えるような態度をとることで，異性（特に年長の男性）との表面的な関わりはもてるかもしれないが，親密さを維持しながら大人の性愛関係をもつことは難しいと考えられる（検査上，異性への関心を示唆するような反応は認められず，あっても「童話」等に置き換えられていた）。

3．萎縮した感情体験

　感情体験に対して慎重で，身を縮めたような状態が維持されている（WSumC=1.0，FC:CF+C=2:0，Afr=0.25）。内には怒りを含む攻撃的な感情や衝動がそれなりにあると推察されるが（S=6，FM=5），依存感情の時と同じように，これらが表に出ることはほとんどなく，どちらかというと抑制されすぎている。それでも，この感情が避けがたく自認されると，無力感が高まったり，自分自身の感情として体験されるよりも，不快感を強調することで自分から切り離して体験しようとするところが目立つかもしれない。総じて，感情体験は本人にとってはやりづらく，落ち着かない心情をもたらしやすいことが考えられる。

4．自尊感情と自己主張をめぐる問題

　漠然とした不安感にとらわれやすいところがある（An+Xy=2，m=3）。自分について振り返っては，あれこれと思いをめぐらせることが少なくないが（EGI=0.55），その多くは悲観的で自己否定的になりやすく，傷つきやすい傾向にあるだろう（MOR=4）。このため，自分への振り返りが繰り返されても，これが自分を客観的に捉えたり適応に活かすための内省にはなりにくいものと考えられる（FD=0）。

　こうした自尊感情の問題が影響して，自分自身の思いを言葉にしていくことへの躊躇いと臆病さが認められた。ところが，もっと自分なりに主張したり，評価して認めてもらいたいという願望も拭い去れず（Fr+rF=2），このふたつの思いの間にまとまりがついていない。こうした自己顕示願望と，自信のなさから来る対人不安との間の葛藤を解消しきれないことが，本人にとって不快で落ち着かない心情の源にあると推察される。

5. まとめと治療への示唆

　甘えるような態度をとることで，表面的な関わりをもちつづけてきたところがあると考えられた。しかしこの「甘えるような態度」が本人の願望をそのまま現わしているとはいえず，むしろ，依存する自分への嫌悪と依存対象への不安が隠されていることが考えられた。対人関係の中では，この依存をめぐる感情を満たすことも，承認欲求や自己顕示願望を満たすことも難しいために，本人の苦悩が持続されていると推察される。この未解決の不安や苦悩が，摂食障害の発症や維持に関わっているのではないだろうか。

　検査上，対人関係で満たされない不安や解消されない不快感があるものの，この不安によって認知が逸脱していく様子は認められなかった。適応に向けて回復しようとする力も確認されており，これらの点から，病態水準は神経症水準にあると予想される。そして，不安を否認しながら依存の問題に対応しようとするあり方には，いわゆるヒステリー性格に近いパーソナリティ像を考えることができるだろう。

　心理療法の導入は可能であると考えられ，本人からも，心理的アプローチを希望する気持ちが確認されている。しかし，フィードバック内容の希望について尋ねてみると，「先生が教えてくれることなら」と受動的だった。ここに，医療者に対しても自分の内面と向きあう心理療法に対しても，前向きになりたい気持ちと不安に思う心情とのせめぎあいが現われているのかもしれない。今後，医療者との関わりにおいて，この種の葛藤が生じやすいことを念頭におくことが必要だろうと思われる。治療に前向きに取り組もうとする姿勢が認められたら，これを十分に支持しながらも，すぐには治らない自分への否定的な思いと葛藤をもちやすいこと，そして医療者を含めた他者に頼ることで生じる不安や葛藤の問題が生じる可能性についても念頭に置きたい。外からは見えにくい気持ちや自己評価の浮き沈みに，じっくり耳を傾けられるとよいかもしれない。

第5章 所見例に学ぶ（その2）
──誌上スーパービジョンの試み

　本章では，臨床歴10年程度の臨床家（立河さん＝仮名）の作成した所見をご紹介します。この所見に対して，誌上スーパービジョンのような形でコメントを加えながら，所見をまとめるために必要な知識や工夫を整理し，そして同一事例への吉村の所見も提示します。最後に，立河さんとの対話から，所見をまとめるための工夫などについて考えてみます。

1. 事例Jの概要（本質を損なわない程度に加工修正されています）

　Jは，短大卒業後，事務職として働いている20歳代後半の独身女性です。ある朝，目が醒めてみると声が出なくなっていたという失声の症状と，同時に発現した肩から腕にかけた痺れの症状を訴えて内科を受診しました。身体面の問題を確認するために各種検査を受けましたが所見は認められず，精神科に照会された事例です。通院による投薬治療を二カ月ほど受けた頃には，身体の痺れは消失して声もだいぶ出るようになりました。しかし，まだ自然な発声とはいえず，「声の出なくなった背景について知りたい」と本人が訴えたことで，主治医から心理検査の依頼がありました。また，検査結果次第では心理療法の導入も検討したいとのことでした。

　発症の経緯として本人から語られたのは，仕事上のストレスでした。職場異動に伴って，知識も経験もない仕事を膨大に任されるようになりましたが，手探りでやったことがすべてそのまま通ってしまうことに不安を覚えていたといいます。また，発症数カ月前には，当時の交際相手から一方的に別れを告げられる形で交際が終わっていました。

122 第Ⅱ部 ケーススタディ

　Jには小学校低学年時代に数カ月間の登校渋りがあり，地域の教育相談機関に通ったことがあったようです。しかし中学生以降は，クラスや部活で中心的な役割を担うことが多かったと聞いています。これまでに発達の問題を指摘されたことはなく，遺伝負因も確認されていません。

2．ロールシャッハ・データ

　プロトコルと構造一覧表を記載します。この検査はCSによって実施されていますが，これまで同様に，CSによるコードに加えて，参考までに片口法のスコアリングも添付してあります。質問段階の括弧内に示されている記号は，**太字**がCSのコード，下線が片口法のスコアです。〈　〉は検査者の発言，（　）は被検者の様子を示しています。全図版で回転はありませんでした。

		Response	Inquiry
Ⅰ	1	クモ。 （首を傾げている）	見た瞬間，なんかパーって広がってる感じが，クモか，クモの巣の中央で手足を伸ばしている状態に見えた。細かいところは見てなくて，イメージが。〈もう少し教えて〉パッと見たとき…灰色で，横に広がっている感じが，クモの巣の中央にいる，大きなクモのように。 　　　　　　CS：Wo1　FMp.FC′-　A　1.0　INC 　　　　　　片口法：W　FM∓FC′ A
	2	こうもり。そのくらいかな。	この辺が羽。ここら辺全体が羽に見えて。あとはグレーっていう色と，羽の大きさ。て，こうもり。 　　　　　　CS：Wo1　FC′o　A　P　1.0 　　　　　　片口法：W　FC′±　A　P
Ⅱ		特に何も見えないです。 〈もう少し……見えてきますよ〉	

	3	子犬が向き合っている。	赤いところは分からないけれど，このグレーの部分，ここが耳で，これが体？　鼻と鼻をこすりつけるような感じで，犬と犬が向き合っている。 　　　　　CS：D+6　FMpo　2　A　P　3.0 　　　　　片ロ法：D1×2　FM±　A　P
		あとは見えないです。	
III	4	向き合った二匹のプードル。	頭の感じがちゃんとカッティングしてもらった形。あとは，足とか手の細さがそう見えたのと，あとはこれがなんか…，うーん，なんかのマークっぽくて。この全体がその，ブランドのマークじゃないけど，この中央（**D3**, D3）に見えてるのがリボンのような，そういうマークに見えてきて。プードル（**D9**, D2）が向き合っているように見えた。〈…というマーク？〉うん，マーク。 　　　　　CS：W+1　Fo　2　A,Cg,Art　5.5　INC 　　　　　片ロ法：W　F±,FM　(A),Cg
	5	カマキリ。	ここが目で（**Dd31**, D7），この部分が口。て，手を伸ばしたハサミというか，手を伸ばしたここの部分（**D5**, D4），とがった感じがカマキリのイメージだった。この赤い部分（**D2**, D1）が，なんとなく，その，赤いので血を連想させる感じで，なんだか分かんないけど，なにかを…刺したあとのような。そいて血がついたようなイメージがして，カマキリが出てきた。〈この血はカマキリの血なのでしょうか〉カマキリの血じゃなくて，カマキリにやられた何かの血。 　　　　　CS：D+1　FMp.C-　Ad,Bl　4.0　MOR,INC 　　　　　片ロ法：W　FM±CF　Ad,Bl

IV	6	毛皮ててきた絨毯。首のついたやつ。でも顔は牛に見える。	この部分（**D1**, D1）がどうしても熊には見えなくて，ここ全体は毛皮の絨毯にみえるんだけど，顔の部分は何となく牛に見えた。〈毛皮〉ここらへんの色のムラが，何となく絨毯ぽいような。あとここの色の薄さが，皮がペロンとめくれているというか，風てあおられて翻っているように見えた（**D2**, D2）。 CS：Wo1　FT.FV.mpo　Ad,Hh　2.0 片口法：W　Fc干FK,m　Aobj
	7	大きな山男の後ろ姿。	この部分はよく分かんないけど（**D1**, D1），ここが足て（**D6**, D3），頭がここて（**D3**, d1）。て，こら辺が肩のところ。薫じゃないけどつけてるのか（**D4**, d2）。て，その人の後ろ姿。 CS：D+7　Fo　H,Bt　P　4.0　GHR 片口法：Wcut　F±　H,Pl
	8	大きなマントを翻している…魔法使い。	何となくイメージ的に出てきたのが，デビルマンみたいな怖い感じの，マントを翻してる人間とは言えない人。これがブーツのような足の部分で（**D1**, D1），ここの部分がマントて（**D6**, D3），そのマントを留める金具（**D4**, d2）もすごく立派についている感じの。 CS：W+1　Mpu　(H),Cg　4.0　GHR 片口法：W　M±m　(H),Cg
V	9	女王蜂の後ろ姿。うん。	最初これを見て，昔見たアニメのイメージ[注12]が出てきてしまって。て，ここの部分が足なんだけど（**D9**, d3），ここが触角で（**D6**, d1）。てもとても羽が大きいので（**D4**, D1），その，アニメに出ていた女王蜂の方にイメージが結びついた。 CS：Wo1　Fu　(A)　1.0 片口法：W　F±　(A)

注12）実際には具体的なアニメの名前があげられていたが，プライバシー保護の観点から，ここでは表記を伏せている。

VI	10	天狗のお面を背中合わせにしたもの（溜息）。	ここが鼻で（**Dd24**, <u>d1</u>），ちょっとこの部分がおてこと，口。て，こう，背中合わせにしてある。〈場所〉ここからここまで（左右全体を指差す）。

CS：W+1 Fu 2 (Hd) 2.5 GHR

片口法：W F± （Hd）

		…だけです。	
VII	11	何かの石像みたいなもので，なんか11面観音みたいな，いくつかの顔がついている。そういう石像。…見えてくる顔は，…豚の顔と，少女の横顔と，怒った男性の顔，頭に帽子のような，カブトのようなのを被った男の人の顔，です。	これが豚の顔で（**D3**, <u>D4</u>），これが少女の顔なんだけど（**D1**, <u>D1</u>），ここの部分が，怒った男の人の顔に見えて（**D1, D1** の外側一部）。あとはここの部分が，ここがカブトのようなのを被っている男の人（**D5**, <u>d2</u> の一部）。鼻と口。〈石像というのは〉うん。オブジェのような。それで，これが台座みたいに見えた（**D4**, <u>D3</u>）。これ全体で一つ。〈豚，少女，怒った男の人，カブトを被っている男の人がいる〉そうです。豚は目を見開いていて，ここの部分が口なんだけど，すごく怒った，歯を剝き出しにしてる感じの口に見えた。少女はここ。表情が見えない。影だけです。男の人は，ここここ。こっちは怒っています。

CS：W+1 Mp- 2 Hd,Ad,Cg,Art,Ls

2.5 FAB,PHR

片口法：W M- (Hd),(Ad),Cg,Obj

VIII	12	クモの巣。	なんてクモの巣か分かんないんだけど，とにかくまるい感じ。その中に細かい網目のように広がっていたので，クモの巣って最初にでてきました。

CS：Wv1 F- Id

片口法：W F- Spiderweb

		これ全体じゃないとダメですか？〈ご自由に〉一部でも大丈夫ですか？〈思ったとおりで〉	

13	ヒョウ。	ここの赤い部分だけなんてすけど（両側を指差す），ヒョウのように。ヒョウが，うん，立ってるところ。立ってるっていうか，四足で立ってる。二足でなくて。
		CS：Do1 FMpo 2 A P
		片口法：D1 FM± A P

IX 14	大きな花瓶。ガラスの花瓶。	ここの部分が，もう，いわゆる花瓶の部分なんだけど（**D8**，<u>D3 と D3 に囲まれた S</u>），そのまわりにガラスを装飾してある。ガラスのいろんな色の入った，ゴテゴテしい花瓶。
		CS：Wo1 FCo Hh,Art 5.5 DV
		片口法：W,S FC干 Obj

15	ラクダの顔。ユニコーンのような角を<u>生</u>やした豚の顔。	この緑の部分が，あの，ラクダの顔に見えたんてすけど（両側を指差す），ユニコーンの角っていうのがここの部分で（**D3**，<u>D3</u>）。ラクダはここが白い部分が目て（**DdS29**，<u>D1 内部の S</u>），て，この部分が鼻。て，ちょっとこのへこんだところが口。〈豚？〉いや，ラクダの顔なんだけど，ユニコーンの角っていうのがこのオレンジの部分。
		CS：DSo12 F- 2 Ad 5.0 INC
		片口法：dr,S F- Ad,(Ad)

X 16	いくつかの生き物で，クモと，	クモ（両側を指差す）。このあたりが胴体で，四方に伸びているのが足。
		CS：Do1 Fo 2 A P
		片口法：D1 F± A

17	カブトムシと，	ここの二つ。この長く伸びたのが角で，後ろにちょっと長く伸びたのが後ろ足。前の方に細く伸びたのが触角。
		CS：Do8 Fo 2 A
		片口法：D13 F± A

第5章　所見例に学ぶ（その2）　*127*

18	海老と,	海老はここの赤い大きな部分で（D9, D6; 両側を指差す）。ここの部分が, えーと, ハサミ。片方しかないんだけど, ハサミ（D1+D12, D1+D11）。二匹。あとここの目の部分が何となく海老っぽかった。
		CS：Ddo99　F-　2　A
		片口法：dr　F-　A

19	沢蟹と,	沢蟹はこの部分（両側を指差す）。ここの部分が体で, 伸びてる部分が足？　ちょっと上に突き出してるのが目に見えた。あんまり大きくなさそうなので, 小さい沢蟹に見えた。
		CS：Do7　Fo　2　A
		片口法：D9　F±　A

20	うーん（溜息）。狛犬みたいな。犬ではないけど。そういう感じの生き物。	ここの二つ。オレンジの部分が目で, ここの部分は, その耳のような感じ。で, 座っている恰好をしている。
		CS：Do2　FMpo　2　(A)
		片口法：D2　F,FM±　(A)

21	蓑虫。	この茶色いところ（両側を指差す）。なんとなく丸まっているような感じが。あと茶色っていう色のイメージが。
		CS：Do13　FCu　2　A
		片口法：D10　FC干　A

22	薔薇の蕾。	ここの部分が（両側を指差す）, 黄色い薔薇の…ガクとか蕾の部分。
		CS：Do15　FCo　2　Bt
		片口法：D　FC±　Pl.f

23	ヒイラギの葉。	さっきまで海老のハサミに見えてたところが，ヒイラギの葉に。ちょっとトゲトゲした感じ。ちょうど色も。

CS：Do12 FCo 2 Bt
片口法：D FC± Pl

24	バッタの足。	ここがなんとなく，なんて表現したらいいんだろう，華奢なのに力強そうに見えて。バッタの後ろ足の部分。飛ぶときの。そこに見えた。あとは緑だったからかもしれない。

CS：Do10 FC- Ad
片口法：D3 FC∓ Ad

検査後の感想

- 緊張した。見えてきやすいものもあったけど，全然見えてこないものもあったし，色が入るとよけいに先入観入っちゃうから。入らないようにしようとすればするほど，わけわかんなくなっちゃうから。
- きれいに見えたものが一つもなかった。

第5章　所見例に学ぶ（その2）　*129*

事例 J　包括システム　反応の系列

Card	Resp	Location		Determinant		Content	P	Z	Special Scores	
I	1	Wo	1	FMp.FC'-		A		1.0	INC	
	2	Wo	1	FC'o		A	P	1.0		
II	3	D+	6	FMpo	2	A	P	3.0		
III	4	W+	1	Fo	2	Ad,Cg,Art		5.5	INC	
	5	D+	1	FMp.C-		A,Bl		4.0	MOR,INC	
IV	6	Wo	1	FT.FV.mpo		Ad,Hh		2.0		
	7	D+	7	Fo		H,Bt	P	4.0		GHR
	8	W+	1	Mpu		(H),Cg		4.0		GHR
V	9	Wo	1	Fu		(A)		1.0		
VI	10	W+	1	Fu	2	(Hd)		2.5		GHR
VII	11	W+	1	Mp-	2	Hd,Ad,Cg,Art,Ls		2.5	FAB	PHR
VIII	12	Wv	1	F-		Id				
	13	Do	1	FMpo	2	A	P			
IX	14	Wo	1	FCo		Hh,Art		5.5	DV	
	15	DSo	12	F-	2	Ad		5.0	INC	
X	16	Do	1	Fo	2	A	P			PHR
	17	Do	8	Fo	2	A				
	18	Ddo	99	F-	2	A				
	19	Do	7	Fo	2	A				
	20	Do	2	FMpo	2	(A)				
	21	Do	13	FCu	2	A				
	22	Do	15	FCo	2	Bt				
	23	Do	12	FCo	2	Bt				
	24	Do	10	FC-		Ad				

※ Exner（2003）による構造一覧表の一部を改変して作成

130　第Ⅱ部　ケーススタディ

事例 J　包括システム　構造一覧表

Location Features	Determinants Blends	Single		Contents		Approach Summary	
Zf 13	FM.FC'	M	2	H	1	I	Wo, Wo
ZSum 41	FM.C	FM	3	(H)	1	II	D+
ZEst 41.5	FT.FV.m	m		Hd	1	III	W+, D+
		FC	5	(Hd)	1	IV	Wo, D+, W+
W 10		CF		Hx		V	Wo
D 13		CF		A	10	VI	W+
W+D 23		Cn		(A)	2	VII	W+
Dd 1		FC'	1	Ad	5	VIII	Wv, Do
S 1		C'F		(Ad)		IX	Wo, DSo
		C'		An		X	Do, Do, Ddo, Do, Do, Do, Do, Do, Do
		FT		Art	3		
DQ		TF		Ay		**Special Scores**	
+ 7		T		Bl	1	Lv1	Lv2
o 16		FV		Bt	3	DV 1	
v/+		VF		Cg	3	INC 4	
v 1		V		Cl		DR 1	
		FY		Ex		FAB	
		YF		Fd		ALOG	
FQ		Y		Fi		CON	
FQx MQ W+D		Fr		Ge		Sum6 6	
+		rF		Hh	2	WSum6 13	
o 13 13		FD		Ls	1		
u 4 1 4		F	10	Na		AB	GHR 3
- 7 1 6				Sc		AG	PHR 1
none		(2)	14	Sx		COP	MOR 1
				Xy		CP	PER
				Id	1		PSV

Control			*Affect*	*Interpersonal Perception*
R = 24	L = 0.71		FC:CF+C = 5 : 1	COP = 0　　AG = 0
EB = 2 : 4.0	EA = 6.0	EBPer = 2.0	PureC = 1	GHR:PHR = 3 : 1
eb = 6 : 4	es = 10	D = -1	SumC':WSumC = 2 : 4.0	a:p = 0 : 8
	Adjes = 10	Adj-D = -1	Afr = 1.18	Food = 0
FM = 5	SumC' = 2	SumT = 1	S = 1	SumT = 1
m = 1	SumV = 1	SumY = 0	Blends:R = 3 : 24 (12%)	H-Cont = 4
			Col-Shd Blends = 0	PureH = 1
			CP = 0	PER = 0
				Isol Index = 0.17

Ideation		*Mediation*	*Processing*	*Self Perception*
a:p = 0 : 8	Sum6 = 6	XA% = 0.71	Zf = 13	3r+(2)/R = 0.58
Ma:Mp = 0 : 2	Lv2 = 0	WDA% = 0.74	W:D:Dd = 10 : 13 : 1	Fr+rF = 0
2AB+Art+Ay = 3	WSum6 = 13	X-% = 0.29	W:M = 10 : 2	SumV = 1
MOR = 1	M- = 1	S- = 1	Zd = -0.5	FD = 0
	Mnone = 0	P = 5	PSV = 0	An+Xy = 0
		X+% = 0.54	DQ+ = 7	MOR = 1
		Xu% = 0.17	DQv = 1	H:(H)+Hd+(Hd) = 1 : 3

PTI = 0 [　]	DEPI = 4 [　]	CDI = 3 [　]	S-CON = 4 [　]	HVI = [No]	OBS = [No]

※ Exner(2003)による構造一覧表の一部を改変して作成

参考：片口法による集計結果

事例 J　片口法 Scoring List

Card & Resp		Position	Location		Determinant		Content		P-O
			Main	Add	Main	Add	Main	Add	
I	1	∧	W		FM∓	FC'	A		
	2		W		FC'±		A		P
II	1	∧	D		FM±		A		P
III	1	∧	W		F±	FM	(A)	Cg	
	2		W		FM±	CF	Ad	Bl	
IV	1	∧	W		Fc∓	FK,m	Aobj		
	2		Wcut		F±		H	Pl	
	3		W		M±	m	(H)	Cg	
V	1	∧	W		F±		(A)		
VI	1	∧	W		F±		(Hd)		
VII	1	∧	W		M-		(Hd)	(Ad),Cg,Obj	
VIII	1	∧	W		F-		Spiderweb		
	2		D		FM±		A		P
IX	1	∧	W	S	FC∓		Obj		
	2		dr	S	F-		Ad	(Ad)	
X	1	∧	D		F±		A		
	2		D		F±		A		
	3		dr		F-		A		
	4		D		F±		A		
	5		D		F±	FM	(A)		
	6		D		FC∓		A		
	7		D		FC±		Pl.f		
	8		D		FC±		Pl		
	9		D		FC∓		Ad		

※ロールシャッハ・テスト整理用紙［型式 K-VIIIB］を一部改変して作成

事例J　片口法 Basic Scoring Table

Location		Main +	±	∓	-	nonF	Total	%	Add.
W	W		5	4	2				
	W		1				12	50%	
	DW								
D	D		8	2					
	d						10	42%	
Dd	dd								
	de						2	8%	
	di								
	dr				2				
S									2
Total R			14	6	4		24		

Determinant	+	±	∓	-	nonF	Total	%	Add.
F		8		3		11	46%	
M		1		1		2	8%	
FM		2	2			4	17%	2
Fm								
m (mF, m)								2
k (Fk, kF, k)								
FK								1
K (KF, K)								
Fc			1			1	4%	
c (cF, c)								
FC'		1				1	4%	1
C' (C'F, C')								
FC	FC		2	3			5	21%	
	F/C								
CF	CF								1
	C/F								
C	C								
	Cn								
	Csym								
Cp	FCp								
	CpF								
	Cp								
Total R		14	6	4		24		7

Content		Main Freq.	Total	%	Add.
H	H	1			
	(H)	1	4	17%	
	Hd				
	(Hd)	2			
A	A	9			
	(A)	3	15	63%	
	Ad	3			
	(Ad)				2
At	Atb				
	Ats				
	X-ray				
	A.At				
Sex					
Anal					
Aobj		1		4%	
Pl.f		1		4%	
Pl		1		4%	1
Na					
Obj		1		4%	1
Arch					
Map					
Lds					
Art					
Abst					
Bl					1
Cl					
Fire					
Expl					
Food					
Music					
Spiderweb		1		4%	
Cg					3
Total R		24			8

※ロールシャッハ・テスト整理用紙［型式K-VIIIB］を一部改変して作成

事例 J　片口法 Summary Scoring Table

R	(total response)	24		W : D	12 : 10	M : FM		2 : 5
Rej	(Rej / Fail)	0	0 / 0	W %	50%	F % / ∑F %		46% / 100%
TT	(total time)			Dd %	8%	F+ % / ∑F+ %		73% / 58%
RT	(Av.)			S %	0%	R+ %		58%
R₁T	(Av.)			W : M	12 : 2	H %		17%
R₁T	(Av. N. C)		E.B	M : ∑C	2 : 3	A %		63%
R₁T	(Av. C. C)			FM+m : Fc+c+C'	6 : 2.5	At %		0%
Most Delayed Card & Time				VIII + IX + X / R	54%	P (%)	3	13%
				FC : CF + C	5 : 0.5	Content Range		7(2)
Most Disliked Card				FC+CF+C : Fc+c+C'	5.5 : 2.5	Determinant Range		6(3)
∑h/∑h(wt)				W - %		修正 BRS		
				⊿ %				
				RSS				

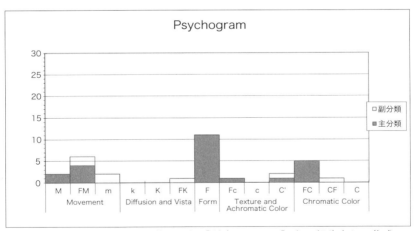

※ロールシャッハ・テスト整理用紙［型式 K-VIIIB］を一部改変して作成

3. 所見例（立河さんの場合）

　医療機関に勤める女性サイコロジストである立河さん（臨床心理士，公認心理師；臨床経験10年程度）に，先にお示しした臨床情報とロールシャッハ・データを提示して，主治医向け所見の作成を依頼しました。

　それではさっそく，提出された所見を確認しながら，臨床に役立つ所見のまとめ方について考えていきましょう。

第5章 所見例に学ぶ（その2） *135*

氏名： 　　事例 J 　　　　　　性別：女性　　　　年齢：20 歳代後半

生年月日：○○年○月○日　　検査実施日：○○年○月○日

依頼医：○○先生

実施心理検査：Rorschach-Test（○分）

- 検査目的：「声の出なくなった背景について考えたい（本人より）」/
  心理療法の導入の検討（Dr より）
- 検査時の様子：（省略）

- 所見

【Rorschach-Test（包括システム）】

Control

R = 24	L = 0.71	
EB = 2 : 4.0	EA = 6.0	EBPer = 2.0
eb = 6 : 4	es = 10	D = -1
	Adjes = 10	Adj-D = -1
FM = 5	SumC' = 2	SumT = 1
m = 1	SumV = 1	SumY = 0

Affect

FC:CF+C = 5 : 1
PureC = 1
SumC':WSumC = 2 : 4.0
Afr = 1.18
S = 1
Blends:R = 3 : 24（12%）
Col-Shd Blends = 0
CP = 0

Interpersonal Perception

COP = 0	AG = 0
GHR:PHR = 3 : 1	
a:p = 0 : 8	
Food = 0	
SumT = 1	
HI-Cont = 4	
PureH = 1	
PER = 0	
Isol Index = 0.17	

Ideation

a:p = 0:8	Sum6 = 6
Ma : Mp = 0 : 2	Lv2 = 0
2AB+Art+Ay = 3	WSum6 = 13
MOR = 1	M- = 1
	Mnone = 0

Mediation

XA% = 0.71
WDA% = 0.74
X-% = 0.29
S- = 1
P = 5
X+% = 0.54
Xu% = 0.17

Processing

Zf = 13
W:D:Dd = 10 : 13 : 1
W:M = 10 : 2
Zd = 0.5
PSV = 0
DQ+ = 7
DQv = 1

Self Perception

3r+(2)/R = 0.58
Fr+rF = 0
SumV = 1
FD = 0
An+Xy = 0
MOR = 1
H:(H)+Hd+(Hd) = 1 : 3

PTI = 0 [ ]	DEPI = 4 [ ]	CDI = 3 [ ]	S-CON =- 4 [ ]	HVI = [No]	OBS = [No]

—1—

1）ストレスを抱えて心のバランスを崩しやすい。

- 彼女の課題の一つは，心的資源の乏しさである（EA=6.0）。柔軟に外的状況をさばききれず，心理的なバランスを崩しやすいと推定される。
- それにも関わらず，彼女は刺激に反応しやすく（L=0.71, Afr=1.18），意思決定に際して周りの状況やそこから生じる情緒に影響を受けやすい（EB=2:4.0）ため，負荷を抱え込みやすい。
- 事実，現在も過負荷状態であり（D=-1），気持ちを飲み込んだり，自分のことをぐるぐると考えて心の中が複雑になったり，気が散って考えがまとまりにくい状況である（SumC'=2, 3r+(2)/R=0.58, SumV=1, es=10（内6個はブレンドにて出現），FM=5）。

2）情緒を収めることが難しい。

- 特殊指標は陰性ではあるものの，CDIおよびDEPIで境界線上の項目が見られ，「喪失感や不安が強まる（オンライン項目：SumT, SumC'）」あるいは「知性化を多用する（オンライン項目：知性化指標）」ような状況に陥ると，感情の混乱や社会生活上の不適応が生じやすいと推測される。
- 情緒統制は概ね良好（FC:CF+C=5:1）だが，時たまその統制が緩み，おさまりが悪くなることがある（PureC=1, FQ-=7（内5つが有色彩図版にて出現））。
- 情緒を刺激されると，彼女は落ち着きが無くなるようである（FM=5, 内4個は色彩図版にて出現）。それが良く表れているのはXカードであり，感情が揺れ動きそうになると，彼女は硬く身をまもりながら，その緊張感を吐き出し続けなければいけない（反応継起：X「クモ」「カブトムシ」「エビ」「沢蟹」「狛犬」「蓑虫」「バラのつぼみ」「ヒイラギの葉」「バッタの足」）。
- また陰影刺激に対しては，威圧感や不安が中々収まらない様子がうかがえる。最も混乱の強いカードはⅣとⅦである。依存を刺激されると彼女の内面は非常に複雑になり（陰影ブレンド：FT.FV.m），心地よい依存は背景に後退し，怖さや「歯を剝く」程の攻撃性，緊張感がな

いまぜになってしまう。(反応継起：IV「毛皮の絨毯」「山男の後ろ姿」「怖い感じの魔法使い」，VII「(少女は)表情が見えない。影だけ。」)

- このような情緒刺激に対する彼女の対処は，あまり触れず距離を取ること，すなわち知性化や否認美化である（Art=3，反応内容：「マーク」「石像」「花瓶」，IIカードにて「何も見えない」)。しかし彼女の知性化には必ず思考や認知の混乱が伴い（WSum6=13，反応継起：Art出現時にスペシャルスコア)，かえって適応を難しくしているようである。

- このことには彼女自身も気づいており，「(色を)入らないようにしようとすればするほど，わけわかんなくなっちゃう」のだろう。

3) 状況を受け入れようとする。主体性を求められると困惑する。

- もう一つの彼女の特徴は，頑ななまでの受動性である（a：p=0：8)。これは検査態度にも表れており（VIIIカード「これ全体じゃないとダメですか？」〈ご自由に〉「一部でも大丈夫ですか？」)，自身の裁量で問題解決に取り組まねばならない状況は，彼女にとって非常に居心地が悪いものと推察される。

- ロールシャッハテストはまさに彼女にとって対処の難しい課題であっただろう。彼女にとってなじみのない状況に置かれると，状況をじっくりと見て把握することが難しく，漠然とした不安に圧倒され，囚われたような心境になるのだと想像される（DQv=1，反応継起：I，VIIIの初発反応，反応内容「蜘蛛の巣」)。

4) 対人希求性はあるが，主体的な対人交流を思い描くのが難しい。

- 彼女の受動性は，対人関係の在り方にも影響しているようである。

- 他者への関心や期待が並みにあり，親密さへの欲求もあることから，人と関係性を築く素地は十分あると推察される（H-Cont=4，GHR：PHR=3：1，SumT=1)。

- 一方で人間反応を見てみると，現実的な他者像よりも，父権的で威圧的なものが目立つ（反応内容：「大きな山男の後ろ姿」「大きなマントを翻している魔法使い」「天狗のお面」「石像。少女の横顔，怒った男

性の顔，兜をかぶった男の顔。」，H：(H)＋Hd＋(Hd) = 1：3)。

- 少なくとも今回のテストから想像されるのは，規範や権威という形での関係性であり，主体的で対等な対人交流というものを想像することは少し難しいようである（COP=0, AG=0)。
- 結果，彼女が取る手段は「自身と周囲を見比べて」「一生懸命頑張る」ことなのだろう（3r+(2)/R=0.58, P=5, W：M=10：2)。

5）認知的にも対人的にもポテンシャルがある。

- 彼女の資源は，情報の取り入れや組織化の努力が適切になされており（Zf=13, Zd=-0.5, DQ+=7)，慣習的な反応を出せる力も持っている点である（P=5)。真面目で一生懸命な人柄が伺われる。
- 彼女の平凡反応は図版内の後半に出現することが多く，多彩色カードでも１つのPを産出することが出来ている。「落ち着いて，じっくり状況を見て，注目すべき手掛かりを見出せると」，彼女は適応的に反応が出来る力を持っている。
- 彼女の刺激への反応のしやすさ（Afr=1.18, L=0.71)や自分について繰り返し考えてしまう在り方（3r+(2)/R=0.58)は不適応に繋がるばかりではなく，治療的な働きかけへの反応性や内的体験を探索する力にも通ずるものであり，重要な資質であると考える。それは検査後の感想として，緊張感や不快感等を言語化できている点にも表れている。
- 治療上のもう一つの強みは，彼女が他者と関係性を構築する素地がある点である。前述の制約や課題はあるものの，協力的な関係や自己表現の種（反応内容：II「鼻をこすりつけている子犬」，V「昔見たアニメの女王蜂」)はあるように思われるし，不安げながらもVIII図版で自発的な質問が出現したことからは，関係性の深化が生じうる人なのではないかと考える。

[まとめ]

　心的資源の制約や受動的なあり方から不適応を生じやすく，依存にまつわる葛藤や情緒刺激への対処に苦労しやすい人である。知性化や否認美化にて対処するも，却って混乱が生じている。

　今回の状況は，「自身の裁量や責任で仕事をする」という彼女の最も苦手とする職場環境に加え，恋人との別れが重なり過負荷を引き起こしたものと理解できる。これは彼女にとって手に余るものであり，「困った」「助けてほしい」と訴える代わりに，状況をなんとか受け入れ，自分を納得させることで切り抜けるしかなかったのだと推測する。その状況がいよいよ限界を迎え，「無言の抵抗」という形で自分を守らざるを得なかったのだろう。

　基本的には神経症水準であり，ヒステリー的なパーソナリティ構造であると考える。

　内省的な心理療法で意味のある作業を出来るだけの資質を持っていると考えられるが，一方で私生活や職場での負荷に対しては，マネジメント的な介入も必要だろう。

　彼女の対処力が回復するのは，「少し時間をおいて，じっくり見て，明白な手がかりに気づき」「取り組むべき範囲を限定し」対処した時である。複雑すぎる情緒体験を腑分けし，彼女が慌てて状況を飲み込もうとする前に，何が起こっていたのかを一緒に整理することは役立つだろう。

　検査から十分に分からなかったことの一つは，受動的な彼女が中学時代に「クラスの中心的役割」を担っていたことである。彼女の適応の手がかりを考えるにあたり，どのような状況（たとえば役割や規範が明確であった等）がそれを可能にしたのか確認したい。

—5—

140 第Ⅱ部　ケーススタディ

所見のまとめ方（形式的特徴）について

　この報告書でまず目をひかれるのは，所見の前に提示された検査データ（構造一覧表）かもしれません。残念ながら，この表と数値をみて意味が分かる依頼医は，ほとんどいないでしょう。しかし**データが提示されていることで，私たちの仕事が客観性を維持しながら行われていることがわかります**。また，この後に続く解釈レポートについても，折に触れて**根拠データが示されているので，この点にも客観的な描写が意識されていて好印象**です。また，引用されているデータは指標だけでなく，具体的な反応語も記載されています。**具体的な反応例があることで，読み手は格段にイメージしやすくなる**ことでしょう。

　また，この所見は，標準的なCSのクラスター分析のまとめ方と，前著で示された，クライエントごとに解釈内容をまとめる方式の間をとるような形で書き上げられています。

　所見内容は5つに集約され，最後に「まとめ」が書かれています。あげられた解釈の5つのまとまりをみると，「1」は統制と状況ストレスのクラスターに，「2」は感情クラスターに，「4」は対人知覚クラスターに相当しているようです。「5」は認知の3側面（情報処理，媒介，思考）のクラスターの所見からはじまっていますが，かならずしも認知的特徴だけでまとめられているわけではありません。また「3」は，報告者なりの独自のまとめと言っていいのかもしれません。

　このクライエントの鍵変数は「AdjD<0，体験型外拡型」で，解釈戦略は「統制→感情→自己知覚→対人知覚→情報処理→媒介→思考」になっていることから，解釈内容をまとめる順番も，CSの標準的な手順を踏まえていることがわかります。しかし単純に「統制」「感情」とはせず，「ストレスを抱えて心のバランスを崩しやすい」「情緒を収めることが難しい」など，見出しを具体的に記述することで，**読み手に語りかけるような所見**をまとめようとしています。ここは，報告者なりの「読み手に伝わるように」という工夫が認められるところです。

　一方で，所見内容が箇条書きで書かれているところが，少し気になりました。箇条書きと通常の文章のどちらの方が読みやすいのかは，人によっ

て異なるかもしれません。ただ一般的に，公的文書での箇条書きは避けられる傾向にあるので，専門家として正式に提出する報告書とであることを思うと，箇条書きは最小限にとどめるか，用いない方がいいかもしれません。

　最後に，所見で用いられる言葉についても触れておきたいと思います。今回の所見は「主治医用」です。つまり，所見を提出する私たちは，被検者が直接目や耳にすることはないという前提でまとめているかもしれません。主治医が必要とする情報の中には，本人には伝えにくい性質のもの（病態水準など）が含まれていて，この問題は非常に複雑です。

　しかしそれでも，何かのきっかけにクライエントが所見を手にすることがあるかもしれません。私たちは，この「もしも」の場合を考えつつ，所見をまとめておくことも必要であると思います。

　たとえば，立河さんの所見には，「心的資源の乏しさ」という表現があります。私はこの種の表現は，（私たちが心理療法をはじめとした臨床的関与をもとうとするとき，これは重要な情報になるのですが）できるだけ避けておくのがいいと考えています。「未成熟」などの表現も同様です。この内容に触れないという意味でなく，少し違う言葉で記述できないだろうか，ということです。

　つまり，**所見をまとめるときに必要なのは，「自分以外の誰かがこの所見を読んだらどう思うか，どのように伝わるか」と想像する**ことです。そしてこの「誰か」の中に，主治医や医療者ばかりでなく，被検者やその関係者も含めて考える必要があるといえます。

所見内容について

　提出された所見は，クラスター分析を下地にしながら反応語も丹念によみこむことで，丁寧にまとめられていることが分かります。十分な事例理解があっての所見であるという印象をもちました。

　依頼医がいる場合，所見では，まず，この依頼医からの照会事項にこたえる必要があります。今回の所見には，冒頭に被検者と主治医それぞれの検査へのモティベーションが明記されています。このようにまとめられる

と，読み手は理解しやすくなるでしょう。

　そしてこの所見には，随所に，被検者の身体症状との関係を意識した解釈がまとめられていることが分かります。最後のまとめには，「自分の裁量で仕事をする」ことが本人の苦手にするところであり，ここには心理資質の限界があることがまとめられています。「『困った』『助けてほしい』と訴える代わりに，状況をなんとか受け入れ，自分を納得させることで切り抜けるしかなかったのだと推測する。その状況がいよいよ限界を迎え，『無言の抵抗』という形で自分を守らざるを得なかった」という描写は，患者の姿を生き生きと捉えているように思いました。受動的に押し流されるだけでなく，症状を通して会社/上司に抵抗しているのではないかというのが，この報告書の提示している一つの見立てです。

　またこの所見には，依頼医からのもう一つの検査目的，すなわち心理療法の導入についての見解がまとめられています。この点も，「まとめ」の中で描写されています。「基本的には神経症水準であり，ヒステリー的なパーソナリティ構造」「内省的な心理療法で意味のある作業を出来るだけの資質を持っていると考えられるが，一方で私生活や職場での負荷に対しては，マネジメント的な介入も必要」というのが，この所見の結論です。

　ここで注目したいのが，この所見には，被検者の問題だけでなく，どのような資質があり，どのような回復の道をたどると予想されるのかというポイントも，まとめられていることです。提出された所見の中では，「彼女の対処力が回復するのは，『少し時間をおいて，じっくり見て，明白な手がかりに気づき』『取り組むべき範囲を限定し』対処した時である。複雑すぎる情緒体験を腑分けし，彼女が慌てて状況を飲み込もうとする前に，何が起こっていたのかを一緒に整理することは役立つだろう」とあります。**どのような心理療法であっても，治療はクライエントの健康的な部分を拠りどころに進んでいくもの**です。病理的な問題を記述することは重要ですが，どのような強さがあるのかが明示されると，臨床的関与に大いに役立つことでしょう。心理検査は，主治医が「よくわからない」「どう対応したらいいか迷う」という，何かしらの困難に行きあたっているときに依頼されることが少なくありません。だからこそ，**被検者の力と支援の方向性**

を具体的に提示することは，**心理検査の重要な責務**であると考えています。そして幸いなことに，**ロールシャッハ法はこの臨床的関与の方向性を具体的に提示する上で優れたツール**なのです。

＊＊＊＊＊

　一方で，いくつかの解釈について，少し疑問の残るところがありました。

　一つ目は，受動的な傾向と情緒をめぐる体験に関わる部分です。「主体性の乏しさ」「受動傾向」という記述からは，外界の影響をストレートに受けてしまう被検者の様子が想像されます。同時に，所見報告者は，刺激を受けると常に即座に反応してしまうという見立てを得たわけではなく，「刺激に反応しやすい（L=0.71, Afr=1.18）」という特徴がありながら，「情緒統制は概ね良好（FC:CF+C=5:1）だが，時たまその統制が緩み，おさまりが悪くなることがある（PureC=1, FQ-=7（内5つが有色彩図版にて出現））」と考えています。

　それでも，データとしてあげられている感情比率の数値（FC:CF+C=5:1）を見ると，私は，この所見の文章を少し調整したくなりました。この被検者は，感情関係の決定因子（FCまたはCFまたはC）を6つの反応で示しています。そのうち5回はFCですから，感情体験には相当慎重です。しかもX図で報告された数多くの反応を確認してみると，色彩に言及した反応（すべてFC）が，終盤に集中していることがわかります。Jが情緒に触れるまでにいかに時間がかかるかが，ここにもよく現れています。

　ところがこの慎重な調整がうまくいかなかったたった一回の色彩は，CFでなくPureCでした。しかもこのPureCは，「赤は情熱を表しています」のような知的に加工された情緒体験ではなく，「カマキリにやられた何かの血」です。非常に原初的な情緒体験であることが重要でしょう。厳密な統制がほとんどなのに，この統制がきかなくなると，衝動そのままで調整や統制がほぼなくなってしまうのです。「時たま統制が緩み，おさまりが悪くなる」という所見がこれに相当するのですが，もうすこし「統

144 第Ⅱ部　ケーススタディ

制」と「手つかずそのまま」という落差が分かりやすくなると良いのではないか，と思いました。

　もう一つ気になったのが，対人関係と依存をめぐる問題です。所見で指摘されているのは，被検者には他者への関心がありながら，他者と関わることに難しさを抱えているという課題でした。「他者への関心や期待が並みにあり，親密さへの欲求もあることから，人と関係性を築く素地は十分あると推察される」としながらも，「（被検者が他者ともつのは）規範や権威という形での関係性であり，主体的で対等な対人交流というものを想像することは少し難しい」とあります。「権威という形の関係性」とは，「権威・服従」のような関係でしょうか。そして，これらの特徴を踏まえて「依存にまつわる葛藤」とまとめられているようですが，このあたりのつながりが分かりにくいように感じました。権威者に服従するのも，一つの依存関係かもしれませんが，被検者は，このような関係に居心地の悪さを覚えているという意味でしょうか。もう少し言葉を補ってもらうだけで，だいぶ分かりやすくなるのではないかと想像しました。

　他者との親密さをめぐる問題は，治療関係にも影響します。治療についての臨床的示唆を考える上で重要なところなので，誤解のないように具体的に明示したいところです。

もっと知りたい！🔍

Question：ロールシャッハ法の研修を受けようと思っています。個人スーパービジョンとグループ・スーパービジョンの違いは，どのようなところにあるのでしょうか？

Answer：

　スーパービジョンを個人で受ける場合とグループで受ける場合のそれぞれに，利点があります（面接のスーパービジョンを受けるときも同様です）。いずれの形式でも，検査を通して事例を見るときの視点は，そのまま面接での臨床的視点に繋がります。指導者の視点や臨床的態度に直接触れて学ぶ機会は，得難いものになると思います。

　個人の場合は，自分の知りたい点に特化して教えてもらえることが期待されます。継続して受けていると，スーパーバイザーに「癖」「課題」を指摘されることがあるかもしれません。「形態水準評定を甘くつけがち」「病態水準を重く判断しがち」などの指摘をもらえると，今後の査定に役立つことでしょう。このとき，何が理由でそのような判断になっているのかという点まで考えられると，さらに有益です。

　グループ・スーパービジョンの最大の利点は，自分では経験しにくい事例に触れられることにあります。たとえば，精神科でよく認められる事例と，司法領域で提出される事例では，かなりの違いがあり得ます。心理検査に習熟するためには，さまざまな病態やパーソナリティのデータに触れることが，非常に重要です。

　さまざまな事例に触れるだけでなく，いろいろな人の意見を聞くことも勉強になります。解釈だけでなく，所見などの文章に触れる機会も得られるなら，大変に大きな学びになることでしょう。心理検査だからといって，解釈の「正解」があると考えるのではなく，投映法ならではのさまざまな解釈可能性を味わい，検討することも大切です。

4. 所見例（吉村の場合）

　次に，吉村による所見を提示したいと思います。前章でも述べている通り，ここに示す所見は一例にすぎません。これが正解であるわけでも，立河さんの所見より優れたものであるといおうとしているわけでもないことにご留意いただきたいと思います。

　また本章は，同一事例に対する二人の所見を素材にして，臨床的な所見のあり方を学ぶことに重点をおいています。一方で，これは本章の直接の狙いではないのですが，第4章に掲出されている吉村の所見と，本章の事例所見を比較していただくと，得るところがあるかもしれません。

　というのも，事例Ⅰ（第4章）と事例Ｊ（第5章）は，症状も医学的診断も異なるのですが，大枠としてのパーソナリティ特徴にはヒステリー性格の特徴が共有されています。年齢にも大きな違いはなく，いずれも独身女性です。当然のことながら，似たところがあっても全く同一というわけではありません。それでも，二つの所見を比べていただくと，何が似ていて何が違うのかが分かるでしょう。

　また，事例Ⅰは継起分析を中心に据えながら所見をまとめてありますが，事例Ｊの所見では，包括システムのクラスター分析がより強く意識されています。このあたりの違いも参考になるかもしれません。

心理検査 結果報告書

患者氏名：事例 J（未婚女性，20 歳代後半，会社員）
主 治 医：精神科 ＊＊＊＊先生
診 　 断：失声症
検査目的：① 声の出なくなった背景について考えたい（本人/主治医）
　　　　　② 心理療法の適否（主治医）
実施検査：ロールシャッハ法（包括システム）
　　　　　＊他の検査については記載を省略（以下，同様）
検査実施日：Ｘ年Ｙ月Ｚ日
報告書提出：Ｘ年Ｙ月ZZ日
検査報告者：吉村 聡（臨床心理士，公認心理師）

心理検査導入までの経緯

　起床時に突然声が出なくなり，あわせて肩から腕にかけて痺れを感じたことで，当院内科を受診。身体面の検査には異常所見が認められず，精神科に照会された。投薬治療を 2 カ月続けて症状は改善したが，自然な発声にまでは回復していないこと，本人が「声の出なくなった背景について知りたい」と語っていることから，性格傾向の把握と心理療法導入可否の検討を目的として，心理検査が依頼された。

　発症の背景として，勤務先の職場異動による業務内容の変更と増加が影響していたことが，本人から語られている。全く経験のない仕事に携わることになったが，手探りの作業結果がそのまま会社に受け入れられることに強い不安を持っていたようである。また，発症数カ月前に，当時交際していた男性から一方的に別離を告げられたことも，潜在的な影響因の一つとして考えられるかもしれない。

—1—

148 第Ⅱ部 ケーススタディ

表1. ロールシャッハ法結果（構造一覧表）

Control

R = 24	L = 0.71	
EB = 2 : 4.0	EA = 6.0	EBPer = 2.0
eb = 6 : 4	es = 10	D = -1
	Adjes = 10	Adj-D = -1
FM = 5	SumC' = 2	SumT = 1
m = 1	SumV = 1	SumY = 0

Affect

FC:CF+C = 5 : 1
PureC = 1
SumC':WSumC = 2 : 4.0
Afr = 1.18
S = 1
Blends:R = 3 : 24 (12%)
Col-Shd Blends = 0
CP = 0

Interpersonal Perception

COP = 0	AG = 0
GHR:PHR = 3 : 1	
a:p = 0 : 8	
Food = 0	
SumT = 1	
HI-Cont = 4	
PureH = 1	
PER = 0	
Isol Index = 0.17	

Ideation

a:p = 0:8
Ma : Mp = 0 : 2
2AB+Art+Ay = 3 WSum6 = 13
MOR = 1

Sum6 = 6
Lv2 = 0
M- = 1
Mnone = 0

Mediation

XA% = 0.71
WDA% = 0.74
X-% = 0.29
S- = 1
P = 5
X+% = 0.54
Xu% = 0.17

Processing

Zf = 13
W:D:Dd = 10 : 13 : 1
W:M = 10 : 2
Zd = 0.5
PSV = 0
DQ+ = 7
DQv = 1

Self Perception

3r+(2)/R = 0.58
Fr+rF = 0
SumV = 1
FD = 0
An+Xy = 0
MOR = 1
H:(H)+Hd+(Hd) = 1 : 3

PTI = 0 [ ]	DEPI = 4 [ ]	CDI = 3 [ ]	S-CON = -4 [ ]	HVI = [No]	OBS = [No]

検査時の様子

　十分な発話量と反応数があり，コミュニケーションに影響のない程度まで症状が回復していることが伺われた。検査には協力的で，自分の体験（反応）を検査者に伝えようという気持ちと，この気持ちを実現するための言語表現能力があることがうかがわれた。また「パッと見たとき」「赤いところはわからないけれど」など，十分に吟味できなかったり分からなかったりする体験に気づいて言葉にできる一面も観察された。全体を通して検査者との関わりは良好で，自然なやりとりのできる人であると考えられた。

—2—

1. 自己と感情体験の調節

一見して，感情交流にひらかれて，自分の気持ちや体験を率直に表現する人のように見えるだろう（EB=2:4.0【体験型＝外拡型】）。感情含みの場面では女性らしいふるまいも認められ，周囲の人たちに，明るく人あたりのよい人物という印象を与える一面のあることが予想されている。

しかし本人の内面をもう少し見てみると，実際には，自分の気持ちを調整しようという気持ちが強く働いているようである（FC:CF:C=5:1）。感情体験を心地よく楽しむというよりは，まわりに影響を受けて（ときには本人の想定範囲を超えて）気持ちがふくらみやすいという方がよいかもしれない（Afr=1.18）。このような感情のふくらみや動揺を発端にして，気持ちのバランスを崩しかねないところがある。

さらに検査結果に示されたのは，厳重でありながらも脆い感情コントロールである。普段は時間をかけて慎重に触れ，そしてしっかり内におさめられている感情が，普段の様子とはまるで別人のようにあふれだすことがあると考えられる（FC:CF+C=5:1, PureC=1）。

そして感情面に限らず，自分自身の気持ちのバランス維持に苦労するところも少なくない（D=-1, Adj-D=-1, 対処力不全指標CDI=3）。置かれた状況や環境によっては負担が重くなって，自分自身のペースで考えたり感じることができるという実感をもちにくくなり，衝動的な行動や感情の突出がみられるかもしれない。また，検査受検時に罪悪感や後悔の念にとらわれていて，そのためにいつも以上に自分を保つことに専心している可能性も示されている（V=1）。

2. 自己と他者の体験

人に対する興味関心は，一般に期待されるものと大きく異なっていない（R=24, H-Cont=4）。親密になりたいという気持ちも，通常程度に実感されている（T=1）。しかしそれでも，対人関係に苦労しやすいことがデータによって示されている。

人との関わりは受動的である。意思決定の責任をとることには苦手意識があるかもしれない（a:p=0:8）。自分自身を振り返っては，否定

的な思いにとらわれやすいところもあるだろう（EGI=0.58, Fr+rF=0, V=1）。

　対人関係の根底には，親密さをめぐる不安が葛藤とともに体験されている。人恋しさの感情（T）が投影された反応には，感情的苦痛（V）や不安緊張感（m）が伴われた。大切な人に近づくことには，相手と同一でありたいという原初的な願望が刺激されるが，同時にこの願望がかなわないことへの不満も抑えきれず，矛盾した気持ちが生じて対応がおいつかないようである。人に対する興味関心はありつつも，気持ちのおもむくまま近づき，甘えたり頼ったりすることは難しいのかもしれない（H-Cont=4, PureH=1）。

　こうした不安を払しょくするための手立てとして活用されているのが，苦手な場面からの回避である。また，いくらか子どものような心情を維持しながら女性らしくふるまうことも，心のバランスを維持するために役立っている。逆をいえば，退避や回避先が失われてしまったり，常に中心的て責任を伴う位置にありつづけることは，逃げ場のなくなる辛い状況に追い込まれたと感じられやすい。安全基地のような関わりや場所と，保護的な環境がある程度必要とされている。

3. 認知と推論プロセス

　おそらく，論理的かつ精緻に物事を考えていくことには苦手意識があるものと思われる（ただしこの点については，知能検査による精査を待つ必要があるだろう）。本検査からわかるのは，論理的というよりも直感的な判断に拠りやすい傾向である（体験型 EB=2:4.0）。

　慣れ親しんだ場所ややるべきことがはっきりした場面など，落ち着いた心情でいられるときは，持ち前の直感的て探索的な認知機能を十分に発揮できる（XA%=0.71, WDA%=0.74, P=5, L=0.71）。ところがこの機能は，不慣れな環境や感情含みの場面に置かれると十分に機能せず，同じ対応を繰り返すのが精いっぱいて，心身ともに身動きのとりにくい心情になる可能性が示されている。

—4—

この様子は，本検査の最初の図版（Ⅰ）と，突然登場する多彩色図版（Ⅷ）に典型的に現れた。「突然の不慣れな場面」という点で共通するこの２つの図版での最初の反応は，「蜘蛛」「蜘蛛の巣」だった。さらにこの２つの反応では，反応の説明がほとんどできなかった点も重要である。これらの反応は，不慣れな場で現実的に事態を吟味する機能が急速に減衰して，ほとんど同じような対応を繰り返すことしかできなくなることを意味している（「蜘蛛（の巣）」という反応内容の繰り返しという点からは，もしかすると，蜘蛛の巣にからめとられたかのように，心身ともに身動きが取れないような状態になる可能性が示されるかもしれない）。

4．まとめと治療上の示唆

　ある程度の言語表現能力と対人関係を求める希求性が備わっている。しかしこうした資質にもかかわらず，①厳格だが脆い感情調節，②親密な関わりを望むと同時に，自分を失うのではないかという不安と緊張が生じることによって，適応に困難が生じる可能性の２点を指摘できるだろう。

　人あたりよく女性らしく振舞うことは，本人の願望の一つかもしれない。実際，このような立ち居振る舞いができないわけでもない。おそらく慣れた相手や場所であれば，年齢よりも少し若い女性のような立ち位置で，頼りにできる人についていくことによって適応し，本人の能力や資質を活かすことができるのだろう。一方で，たえず責任を伴う作業や不慣れな場面に置かれたときには，手も足も出ないような状態になってしまう危険性がある。このとき感情は感情として機能しておらず，身体症状に転換されるか，安全であると思われる環境にしばらく退避する必要が生じるだろう。これらの性格上の特徴や問題は，いわゆるヒステリー性格に近いパーソナリティであると予想される。

　治療場面においては，医師であろうとサイコロジストであろうと，医療者にとってのこの女性との関係は，安定して穏やかに問題に取り組んでいるように感じられやすいことが予想される。特に，医療者が主導して進めるようにすると，治療関係はスムースに進みやすい。

152　第Ⅱ部　ケーススタディ

　　対照的に，本人の自分で判断したり責任を担うことが求められるよう
な局面がくると，この人の問題が露見しやすいことがデータに繰り返し
示されている。感情体験には脆く，また，本来的には他者と同一である
と思いたいところがあるために，自分で判断し，自分で自分の人生を決
めていくことに緊張と困難が立ち現れることが予想されている。
　　内省的な治療作業によってこの問題を越えていこうとすることも期待
できるだろう。ただしこの場合，治療プロセスの中で心理的な退避や停
滞のようなものが生じる可能性を十分に予想しておく必要がある。この
とき，本人は十分な自覚なく，物事を考えられなくなったり身動きが取
れなくなっているかもしれない。このような局面では，内省を求めよう
とするばかりでなく，本人の回復を促すような支持的な関わりが添えら
れることが，治療の展開を促すきっかけになるかもしれない。

—6—

5.　立河さんの振り返り（2 つの所見を比較して）

　立河さんに所見を提出してもらった後，上記原稿（提出された所見に吉
村が加えたコメントと吉村の所見例）を確認してもらいました。そして立
河さんには，これらを読んで感じたことや考えたことをお寄せいただきま
した。下記にご紹介します。

所見を読んで

　クライエントの姿が自然と目に浮かぶ，というのはこういう所見のこと
を言うのだなあと思いました。特にまとめ部分は圧巻で，最初に読んだ
時に自分の残したメモが「わかりやすい」「なるほど」というコメントと，
文章への下線ばかりになってしまいました。今はもう少し内実を言葉にで

きるようになってきたように思うので，自身の所見と比較しながら思うところを書いてみたいと思います。

　まず大まかな方針は，ズレていない…ように思われる点は，所見作成者としてほっとすると同時に，ロールシャッハ・テストの力だなぁと感じます。初学者でも真剣に取り組めば，ここまでは連れてきてくれるのだなと思いました。一方で，その内容の厚さと表現の繊細さは，学ぶべきところがかなり多くあるように思います。明日の臨床から挑戦してみたいと思うものから，どうやって到達すればいいのか見当がつかない，というものまでさまざまです。

　形式的な部分から挙げると，現在の診断と心理検査導入までの経緯の記載がある点が特徴です。これは読み手が情報を整理するのに役立つだけでなく，検査者が今回の背景をどのように理解しているのかをコミュニケートする側面もあるなと思いました。検査時の様子の描写も細やかで，この時点から本人の強みや意欲に眼差しを向けているのが分かります。

　そして所見を通して，視点移動の軽やかさがあります。クライエントを外側から見たときの様子と，内的体験の描写がなめらかに連続しており，「一見して…明るく人当たりの良い印象を与える」と始まり，「しかし本人の内面をもう少し見てみると」と続く書き出しは，読み手がクライエントの心的体験に自然に入り込み，思いを巡らせるよう設計されています。これはその後の展開も同様で，所見はクライエントの自己➡他者関係➡（社会）適応についての記載と進み，発達的に自然な流れで構成されています。核となる，彼女個人の理解が共有されてから次のトピックに進むので，「彼女にとっての恋人との別れはこういう意味を持っていたのかな」「少し先の未来，彼女はどうしているのかな」という想像が読み手に惹起される，触媒のような所見になっています。

　内容で最も目を引くのは，冒頭にも挙げたように，日常のクライエントの様子が目に浮かぶような記述です。「普段の様子とはまるで別人のように（感情が）あふれだす」「気持ちのおもむくまま近づき，甘えたり頼ったりすることは難しいのかもしれない」など，生き生きとその人が目の前に立ち現れているように感じ，ため息が出ます。

154　第Ⅱ部　ケーススタディ

　二つの所見の表現をいくつか比較してみます。私（立河）➡吉村先生の順番で抜粋しています。

1）「情緒への対処に苦労」➡「明るく人当たりの良い印象」を与える一面がある。「自分の気持ちを調整しようという気持ちが強く働いている」が「気持ちがふくらみやす」く，バランスを崩すと「まるで別人のようにあふれだす」という「厳格だが脆い感情調節」。

2）「依存にまつわる葛藤」➡「本来的には他者と同一であると思いたいところがあるために，自分で判断し，自分で自分の人生を決めていくことに緊張と困難が立ち現れる」「気持ちのおもむくまま近づき，甘えたり頼ったりすることは難しい」。

3）「明白な手がかりに気付き，取り組むべき範囲を限定し対処」するときに対処力が回復する➡「慣れた相手や場所であれば，年齢よりも少し若い女性のような立ち位置で，頼りにできる人についていくことによって適応し，本人の能力や資質を活かすことができるのだろう」「支持的な関わりが添えられることが治療の展開を促すきっかけになるかもしれない」。

　この違いはどこから生じているのでしょうか。
　一つには，私の場合には「困難」「苦労」「知性化」「心的資源の乏しさ」のような硬く手短な言葉で表現されてしまっている部分が要因な気がします。遠くから見ると，私のレポートは黒くて四角い（漢字が多い）のです。先生のレポートは（特に前半部分に）ひらがなや，からだの感覚につながっている表現（ふくらむ，あふれだす，おいつかない）が用いられているように思います。「その人の生身」を描こうとしているところが，言葉の選択にも記述の丁寧さにも，違いとしてあるように感じました。色彩や，他者の親密さをめぐる記述に関する先生のコメントは示唆的で，専門用語を多用しない，というのは言うのは簡単ですが，中々難しいことを改めて実感しました。
　そして細かい表現を見ていて気付くのは，そこに真摯なやさしさがあ

第5章　所見例に学ぶ（その2）　*155*

ることです。「バランスを崩しかねない」「苦手意識があるかもしれない」「いつも以上に自分を保つことに専心している」という表現も私の中にはきっとなかった…。読み手にどう伝わるか想像する，というご指摘にも通じますが，苦しさを外から断ずるのではなく，ご本人の目から見た体験を代弁するような語り口は，非常に治療的だなと感じます。

　もう一つは，その人の中で複数の在り方がどのようにダイナミックに共存しているかを書いている点です。「外から見るとこうだが，実はその内面では」とか「普段はこうだが，時にこういった側面が出てくるという落差がある」という，同じ人の中の揺らぎを描いているところが，リズムや息遣いとして所見に生き生きとした感じを生み出しているように思います。ロールシャッハ・テストに表現されたもののうち，固定化した特性（trait）のように私が描いてしまっている部分を，状態（state）のせめぎあいと均衡として描いている点が違いだと感じました。

　特に「相手と同一でありたいという原初的な願望と，その願望がかなわないことへの不満」は，深い患者理解がなければかけない記述のように思えました。私はどうやったらここに至れるのか，ちょっと思い描けないなという感じがあります。先生はいつ（所見作成の過程における，いつ，でもありますし，臨床家としての熟練に至るプロセスにおける，いつ，でもあります）このような表現に至ったのか，お聞きしてみたい気持ちになりました。

　まとめはここまでのストーリーの集大成になっています。臨床的提言は感銘を受ける素晴らしさで，「安全基地のような関わりや場所と，保護的な環境がある程度必要とされている」「医療者が主導して進めるようにすると，治療関係はスムースに進みやすい」「（内省的な治療作業にて）プロセスの中で心理的な退避や停滞のようなものが生じる可能性を十分に予想しておく必要がある」「本人の回復を促すような支持的なかかわりが添えられることが治療の展開を促すきっかけになるかもしれない」と，**普段の治療関係で起きることや困難にもしっかり目を向けながら，治療関係がスムーズにいく条件が具体的に記述されています**。治療関係が思い描きやすくなることは，（関係構築や維持が難しいクライエントの場合は特に）治

療者が希望を持つことにつながり，結果としてその治療関係を支えるだろうと思います。

　ここまでの違いに通底するのは，一つにはアプローチの仕方の差があるような気がします。知識と経験の厚みを反映した違いでもあります。

　私の所見はどこか力みがあって，各側面について一生懸命書いてはいるのだけど，クライエントの生身が見えにくい文章です。二つの所見を比較すると，引用されている変数や具体的な反応例は私の所見の方が多いのです。しかし，まとまり具合は一目瞭然です。先生がロールシャッハ・テスト理解に加えて臨床経験や，パーソナリティ理論の造詣の深さからリッチに描けるところを，私はこういったデータを用いてなんとか埋めようとしてこうなっているのだと思いました。

　いうなれば，私の所見はボトムアップに，先生の所見はトップダウンに構成されているように思いました。おそらく，所見を書く前の段階，検査が進行しているまさにその時に，クライエントがどのような人なのかを，先生はかなり深くとらえているんだろうなと感じました。例えるなら，島のあちこちで集めた木材や漆をどのように組み立てようか，とバタバタしている私と，データと臨床経験を基にすっと森に入っていき，その人の核となる素材を持ってきて，陰影や細部の印象を彫刻していく先生，というくらいに身（ボディ）の密度に差を感じます。こんなに自然な形にするのに，どれだけの技巧と習熟があるのだろうと思います。

　私の箇条書きの問題もこことつながっているのかもしれません。自身の所見を振り返ってみると，以前は文章であったものが数年前頃から箇条書きのものに変化しています。これは大病院で働き始め，臨床上の要請から（古典も含めた）ロールシャッハの勉強を真剣にやり始めた頃でした。つまり物理的忙しさと，受け取れる情報が豊富になったこと，が同時にやってきた時期でした。多分，読み取れるものを統合するだけのパーソナリティ理論への造詣や，臨床経験が伴っていないことがあるのだと思います。先生の所見を読んでから自分の所見を読むと，やっぱり細切れ感があり読みにくいので，まず課題としたい部分です。

第5章　所見例に学ぶ（その2）　157

疑問と質問──臨床家としての成長のために

　最後に，このケースからはすこし離れてしまうけれども，この文章を書きながら思い浮かんだことをいくつか書かせてください。そして，先生のご感想やお考えをお聞かせいただけたら嬉しいです。

　一つめ。読み手を想定して書く，というのは本当に大切なのですが，いつも難しく感じる点です。臨床であれば，少なくともケース記録を書いている時やSVを受けている時に，視点が少し自由であったり柔軟になる瞬間があるのですが，所見は何か没頭してしまいやすい感じがあります。時間（締切）に追われていることも一因かもしれません。その点を意識するだけでも違うのかもしれないのですが，もしこのあたりの感覚を養うのに有用なことなどあれば教えてください。

　二つめ。やさしさというのは，難しいなと感じます。迎合でもなく，子ども扱いでもなく，問題の回避や手控えでもなく，おためごかしでもなく，無責任な甘言でもないやさしさは，どう至ることができるのでしょうか。所見を書いていると，クライエントへの人生への敬意を差し置いて，冷たいもの言いになりそうな自分や，逆に表面的なやさしさでクライエントの何かをスポイルしている感覚になる文章を書きそうな自分に気付くことがあります。

　先生のような，芯があるが細やかな，行き届いたやさしさにどのように至ることができるのか，私にはわかりませんでした。そのことがとても，悔しいような，寂しいような心地がします。本人の隣に立ち，同じ景色を見て，それをそっと言葉にすることがそれに近い気がするのですが，どうなんでしょうね。

　三つめ。近年，医療機関での情報の取り扱いが厳正になっています。クライエントの福祉のための最重要の変化です。一方で，このことは所見作成のための時間をどのように現場で確保するかという問題として立ち現れます。安直な仕事の持ち出しは，倫理的にも，心理士のワークライフバランス的にも，あるいは現場の業務量を誤認させる危険性からも，避けた方がいいことは間違いありません。しかし，所見を書く前／書く最中に思い

を巡らす時間，職場にない文献を引きながら検討する時間，問いをもって
カルテをめくる時間が，病院経営上の要請との妥協形成の中で，そっと圧
迫されるのです。先生はどのようにこの課題と戦っておられますか。

　こういった刺激的な所見を読ませていただくと，もっと成長したいとい
う気持ちになります。普段目をそらしてきた，臨床上の課題にも目を向け
る勇気をもらい，こういうことをつい最後に書いてしまいました。

　若手としては，先達から技を盗み続けたいものです。学習の機会がます
ます増えることを願っています。

6. 立河さんからのコメントを受けて

　私は，立河さんの所見を初めて手にしたときに強く印象づけられました。
地に足のついた，丁寧な所見でした。そしてこのコメントを受け取って，
私はさらに強い感銘をうけました。立河さんの臨床に対する実直な姿勢が
見えたからです。立河さんは私の所見を手放しで褒めてくださいましたが，
その立河さんにこそ，光るものがたくさんありました。おそらく，臨床家
としての自分らしさを探求し，意識し，身につけはじめる段階にいるのだ
ろうと推察しています。型から離れて，次の段階に成長しつつある大切な
ときなのでしょう（…などというと，だいぶ上から目線になっているかも
しれませんが）。

　コメントを読み，私もいろいろと思うところがありました。質問や疑問
も寄せていただきましたので，お返事を含めてまとめてみたいと思います。

（1）読み手を想定した所見をまとめるために
　「読み手を意識した所見を書く」は，私にとっても難しい問題です。少
しでもそういう所見を書けるようになりたいと思いながらつづけていると
いうのが実情です。したがって（？），道半ばの私には「どうすれば（読
み手を意識した所見が）書けるようになるのか」という問いに対する明確
な答えや，素晴らしい解決策のようなものは浮かびませんでした。

　ただ，この問題はいろいろな形で私の臨床の中にありつづけています。

そしてこのことが，所見の質の向上に何かしら貢献するところがあるかもしれません。

　私は，臨床面接でセラピストとしてクライエントに何かを伝えるとき（あるいは，「セラピストとしてクライエントとともにいるとき」と言った方が正確かもしれません），それがいわゆる解釈であっても，介入や質問であっても，あるいは自分の非言語的な態度であっても，そのときの私がどのように受け取られ，どのような影響を及ぼしているのだろう，という点に常に注目しています。そしてクライエントが私から受け取った結果に，私がまた影響を受けていくことになります。面接を含めたあらゆる臨床行為は，この連続です。

　立河さんのコメントを読みながら，自分がこの「交流」を重視していることを再確認しました。所見は書面上のやりとりなので，臨床面接よりも格段に交流が見えにくいかもしれません。それでも見えにくいだけであって，主治医の先生が所見に目を通したとき（目を通してさえもらえるなら），所見内容が腑に落ちようとそうでなかろうと，先生の診療に何かしらの影響があるだろうと考えています。これは被検者の場合も同じで，どんな内容でもどのような受けとめ方であっても，何かしらの影響が及ぼされると思うのです。その点を大前提にした臨床を続けているので，もしかすると，相手の立場で（も）解釈を考え，文章をまとめようとするのが板についているのかもしれません。

　そして「相手に伝わる所見」が具体的にどのようなものであるかと考えていくと，それは具体的で個別性に富んだものであるだろうという思いが浮かんできます。

　この点について，例をあげながら考えてみましょう。たとえば「依存葛藤」という言葉があります。おそらくロールシャッハ所見でよく見受けられる解釈ですし，私もこういう言葉に頼りたくなることがあるように思います。でも，これはとても曖昧な言葉です。曖昧なので使い勝手がいいと言えるかもしれません。ここで具体的に考えるならば，目の前の被検者の「依存行動（または依存感情）」がどのようなものであるかを明確にする必要があるでしょう。その上で，この人の「葛藤」がどのようなものである

のか，そして葛藤を感じた結果，どのような言動が続いていくと予想されるのかなどについて，考えていく必要もあります。ポイントは，被検者の日常場面を具体的に思い浮かべながら描写するということです。あくまでもロールシャッハ・データから読み取れる範囲内での記述しかできませんが，できるだけ生身の姿を具体的で具象的に描き出そうと試みることが必要です。

　もしかすると，所見にまとめられた文章を読んで，ロールシャッハの記号や指標が透けて見えるような場合，あるいは専門用語を使って記述された文章の場合は，具体的に描写できているかどうか，振り返って考えてみるのがいいかもしれません。「情緒の統制に問題がある」という所見もよく見ますが，おそらくこれは FC : CF+C の比率に基づいた解釈でしょう。教科書的には問題のない所見かもしれませんが，こういう場合，ちょっと立ち止まって考えたいのです。すると，「そういえば，自分だって感情や情緒が揺り動かされたら，普段ほどの落ち着きはなくなるし，判断能力も少し鈍るかもしれない」と気づかれるのではないでしょうか。だとしたら，この人の場合は，一体どのように「統制が悪い」のでしょうか。程度の問題なのでしょうか，それとも感情や体験に具体的な違いがあるのでしょうか。私たちは，つい便利な専門用語にすがってしまうのですが，それは，もしかしたら，私たちが「わかったつもり」になっているだけなのかもしれないのです（言うは易し行うは難し…であることは，重々承知していますが，それでもこの点を忘れずに心がけていきたいところです）。

　それから，立河さんは，所見作成に「没頭する」ことについても触れられていました。これは，私もまったく同感でした。私は所見をまとめたらすぐに提出せず，少なくとも数日は寝かせておくようにします。この「寝かせ期間」も，私にとっては所見作成に必要な時間として，前もって確保しておくようにしています。そして記憶が薄れた段階で，もう一度自分の所見を読みます。このとき，なるべく声に出して読むようにしています（ちなみに，今書いているこの原稿も，同じやり方で書いています）。本音をいえば，自分の文章を声に出して読むのは，非常に恥ずかしいことです。でもそうすることで，気づいていなかった「思いこみ」「ひとりよがり」

「伝わらない日本語や文章構成」に気づきやすくなると思います。

(2) 臨床的なやさしさについて

　臨床的なやさしさとは何で，これに至るにはどうすればいいのでしょうか。これもまた，難しい問いです。難しいだけでなく，臨床的な問いでもあります。そもそも，私の所見に立河さんの言われるようなもの（芯があるが細やかな，行き届いたやさしさ）があるのだろうか…という大問題があるのですが，それは脇に置かせていただいて，私なりにこの大切な問題について考えてみます。

　私たちは，被検者について知ろうとしています。私たちができるのは，この「知ること」だけです。先にも述べましたが，ポイントは「その人」を知ることです。ロールシャッハに詳しくなるのではなく，ロールシャッハを通してその人を知るのです。そうすると，どれだけ具体的に行動を記述しても，それだけでは十分ではないと思われるときがあることに気づきます。

　たとえば，治療関係を結ぶことの難しいクライエントがいます。どのようにしたらこの人たちと手を結ぶことができるのかという点について，心理検査は，ときに有益な視点をもたらしてくれます。それは，心理検査によって，行動の裏にある本人の心情が明らかになるからです。攻撃的で粗暴に見える言動の裏に本人の傷つきが見えるなら，私たち臨床家の関わりに漂うトーンや言葉遣い，あるいは臨床的な介入の方法などが変わるかもしれません。つまりここに，「やさしさ」が生まれる余地があります。

　私は，**臨床的なやさしさが生まれることがあるとしたら，それは，相手の体験を詳細に知ることによってもたらされる**のだろうと考えています。臨床的な包容力のある人は，それだけ相手のことがよくわかっている人なのではないでしょうか。そして興味深いことに，そういう臨床家は，やさしいだけではなく，対象者に向かういら立ちも含めた，臨床家自身の陰性情動についても敏感であると思います。「クライエント／被検者に腹を立ててはいけない」とは思っていない，ということです（もちろん，内心にいらだちがあったとしても，それを表に出したり行動化するかどうかは別

162　第Ⅱ部　ケーススタディ

の話です。しばしば混同されているように思うのですが，感情と行動は必ずしも同一ではありません）。

「相手を知る」に徹しようとする中で気がつくのが「本人にとって本当に意味あることは何か」について考える必要性です。立河さんも触れている通り，いくら被検者/クライエント本人がやさしいと感じても，その（一見すると）やさしい行為が本人の病理に肥やしを与えるなら，それをやさしさと呼ぶことはできません。だからといって，いくら正しくても本人が受け取れない範囲の内容をつきつけては，相手を傷つけるだけです。

この「何が本人にとって意味あることなのか」を知ることは，非常に難しいと感じます。どうやったら分かるのかと問われるなら，私には「分からない」としか答えられません。同じように，「どうしたらやさしく厳しくあれるのか」という問いに，私は答えをもちません（先の「読み手を意識した所見」のときと同じく，ここでも私は，明確に答えられずにいます）。

私は，「本人にとって本当に大切なことは何か」という本質的な問いの答えは，だいぶ後になってみないと分からないのだと思います。Freud が，本当に大切なことや本当の意味は後にならないと分からないと指摘していたこと（事後性）が思い出されます。それでも，「分からないからお手上げ」でなく，「分からないから考える」ところから，私たちの臨床がはじまります。

このとき，ロールシャッハ法は私たちの力になります。**ロールシャッハ法の強みは，被検者の体験を被検者本人の視点から描き出すとともに，客観的視点から見える被検者像を描き出すことができるところにあります。**客観的視点だけでは，本人の気持ちが置き去りにされてしまいかねません。本人から見た視点（本人の語り）を盲目的に受け入れてしまっては，病理に巻きこまれてしまうおそれがあります。この複眼視を手にすることで，本人の苦しいところがわかり，それが何に由来していているのか，その臨床的な課題に本人はどのように対応しようとしているのかかが分かります。つまり，外から見える視点と内側の体験の両者を知ることではじめて，困難な問題を抱えるクライエントと手を結び，ともに治療に進んでいく手助

けを得られると思います。

　「本人にとって，何が大切なのか」を考えようとするとき，おそらく私
は，治療同盟を意識しています。目の前のクライエントは，どのような水
準で私たちと手を結ぼうとしているのでしょうか（あるいは結びたくない
のでしょうか）。いつどこからどのように手を差し出したら，この人は私
の手を握り返してくれるのでしょうか。心理検査の依頼目的に「心理療法
の導入や適否の判断」が含まれていない場合であっても，治療同盟にまつ
わる事柄を考えながら所見をまとめようとしていることも，もしかしたら
この「やさしさと厳しさ」に影響を及ぼしているかもしれません。

　こうしたことを思いながら，自分の所見を見直したときに，気になった
ところがありました。それはまとめの一節です。下記に引用します。

> 　本来的には他者と同一であると思いたいところがあるために，自分で
> 判断し，自分で自分の人生を決めていくことに緊張と困難が立ち現れ
> ることが予想されている。内省的な治療作業によってこの問題を越え
> ていこうとすることも期待できるだろう。ただしこの場合，治療プロ
> セスの中で心理的な退避や停滞のようなものが生じる可能性を十分に
> 予想しておく必要がある。このとき，本人は十分な自覚なく，物事を
> 考えられなくなったり身動きが取れなくなっているかもしれない。こ
> のような局面では，内省を求めようとするばかりでなく，本人の回復
> を促すような支持的な関わりが添えられることが，治療の展開を促す
> きっかけになるかもしれない。

現時点でも，この理解に変わりはないのですが，今の私なら，下記のよう
に太字部分を追記してまとめるでしょう。治療関係で生じる可能性の高い
困難な局面について，もう少し具体的に考えて示しておく必要があると感
じられたからです。

> 　本来的には他者と同一であると思いたいところがあるために，自分
> で判断し，自分で自分の人生を決めていくことに緊張と困難が立ち現

れることが予想されている。**このため，治療関係では，医師や面接者に必要とされるような患者になることで相手にあわせてしまう可能性がある。**内省的な治療作業によってこの問題を越えていこうとすることも期待できるだろう。ただしこの場合，治療プロセスの中で心理的な退避や停滞のようなものが生じる可能性を十分に予想しておく必要がある。このとき，本人は十分な自覚なく，物事を考えられなくなったり身動きが取れなくなっているかもしれない。**現時点では，他者に同一化する以外の力や手立てが十分に育っていないためである。**このような局面では，内省を求めようとするばかりでなく，本人の回復を促すような支持的な関わりが添えられることが，治療の展開を促すきっかけになるかもしれない。

(3) 所見作成にかかる時間について

　所見作成には時間がかかります。この点は，前著の座談会でも話題になりました。おそらく，ほとんどの人が思い悩む現実的な問題です。

　一般に，事例理解（スコアリングと解釈）に要する時間は，経験とともに短縮されていきます。ただ，自分自身について振り返ってみると，「どうも腑に落ちない」「何か大切なところを取りこぼしている気がする」という直観がありながら，最後のピースが見つからずに時間だけどんどん過ぎるということが，しばしば起こります。この場合，結果として，所見作成にかかる総計時間はほとんど短縮されません。

　「何か大切なものが足りない気がする」という直観のようなものは，初心のときの感覚とは，似ているようで全く違っています。初心の頃は，「さっぱりわからない」「がんばって所見を書いたけれど，何が合っていて何が違っているのかも分からない」という状態にありました。このときの「何かが足りないのではないか」は漠然としていて，そもそも何もわかっていないために生じる不安でした。でも今は，たとえば「一見するとこの所見はまとまっているけれど，おそらくそれは見かけだけのこと」というのが分かる（気がする）のです。ここは言葉になりませんが，何かが足りない気がするという感覚は，おそらく臨床面接においても「何かがおかし

い」と疑問に思う感覚と似ています。表向き，治療関係が陽性であったり
うまくいっているように見えても，実際には水面下で別のことが起きてい
る場合に感じられる，ある種の違和感に近いといったらいいでしょうか。

　こういうとき，しばらくデータを見ながら考え続けることで，疑問が解
けることがあります。別の検査データを手にすることで解決することもあ
ります。でも残念ながら，分からないままのこともあります。

　立河さんも指摘されていますが，最近，個人情報保護の観点から，心理
検査データを職場外に持ち出すことが難しくなってきました。こうなると，
所見を勤務時間内に職場で書き終える必要があり，それなのに勤務時間は
面接や会議などに追われる…という事態に見舞われます。何とか工夫して
所見作成の時間を短縮化したいのですが，実際のところは時間に追われる
ばかりです。

　この問題を構造的に解決しようとすると，ロールシャッハ法の解釈方法
は，マニュアル化されていくのだろうと思います。マニュアル化された解
釈は，所見作成のための時間短縮と，科学的で信頼性と妥当性の向上に寄
与することでしょう。でもそれは，投映法というよりも，インクブロット
を用いた質問紙法のようなものに近づいていくのかもしれません。この点
をどう評価するかという大きな問題があります。

　何が言いたいのかというと，私は，所見作成に時間がかかるのは仕方な
いと思っています。自分に許される時間の中で精いっぱい考えて提出する
しかない，と思います。内心では不安だったり，ごめんなさいと頭を下げ
たい心境のときもあります。でも，とにかくやるしかないのです。決して
望ましいことではないかもしれませんが。

　それでも，とりわけ初心のうちは，できるだけ時間をかけた方がいいで
しょう。面接もそうですが，いわゆる「本物の先生たち」は，誰よりもそ
のことにとりくんでいます。好きこそものの上手なれといいますが，やは
り，時間と熱意を注いでいる人にはかなわないのです。上達したいなら，
習うより慣れろ，というところなのかもしれません。

（4）その他

　コメントを読みながら何度も思い出したのが，駆け出しの頃の自分の姿でした。先にも述べましたが，見よう見まねで解釈を考えて所見にまとめても，自分の所見が役に立っているのかどうか，当時はまったく分かりませんでした。そもそも，役に立っているか否かという前に，解釈が臨床事例を適切かつ的確に捉えているのかどうかが不安でした。この心もとない心情の中で，先輩や先生の所見を目にする機会があると，心の底から驚いたものです。この驚きには憧憬も含まれていましたが，同時に，結構落ちこんでいましたし，恥ずかしくて仕方のないときもありました。

　そんなことを繰り返しながら，臨床を続けてきました。私は，若手とは言えない年齢になってしばらくたちますが，もちろん，まだまだ臨床実践を続けていくつもりです。まだ道半ばで自信もありませんが，少しでも成長したいと思っています。

　それから最後にもう一つ。先ほど私は，所見も含めて，臨床は交流だと書きました。これは私が大切に持っている一つの視点です。ところが，私たちが誠実にとりくみ，交流をつづけていれば，かならず何かが変わるといえるわけでもありません。それどころか，報われないことも無力感にとらわれることもあります。何より，所見をまとめる作業は面倒で煩わしいものです。それは，残念ながら事実であるように思います。

　それでも，私は臨床の生事に誇りをもっていますし，ロールシャッハ法と精神分析を信じています。いろいろ書きましたが，もしかすると，この「信頼」「矜持」と呼ばれるようなものがもっとも重要なのではないか，という気持ちになっています。

　立河さんのますますの成長と発展を期待しています。

第 5 章　所見例に学ぶ（その 2）　*167*

もっと知りたい！🔍

Question: 心理療法を導入する前に，アセスメントの一環としてロールシャッハ法を実施することになりました。気をつけた方がいいことはあるでしょうか？

Answer:

　構造度の緩い心理検査を受ける経験は，被検者にさまざまな感情や空想をもたらすことが予想されます（第 2 章参照）。被検者／クライエントは，「面接者が自分の知らないことを知っているのではないか」という空想をもつ場合があります。検査結果のフィードバックがあったとしても，この空想は生じ得ます。この空想が不安や被害感に変わっていく場合もあるでしょうし，面接者への万能的期待につながることがあるかもしれません。したがって，一般的には，検査者と面接者は別の臨床家が担当する方が望ましいと考えられています。

　心理療法に臨む面接者が，検査結果をどのように活用するのかという点は，臨床家とそのオリエンテーションによって，大きく異なります。たとえば，治療的アセスメントの立場をとる中村（2016）は，面接の中で繰り返しロールシャッハ・データを振り返ることを推奨します。この行き来によってクライエント理解が深まることが期待されるというのが中村の臨床的立場です。

　対照的に，精神分析的な立場をとる北村（2018）は，所見をまとめた後は，ロールシャッハ・データから離れる（忘れる）ことを勧めています（私も同じ立場です）。検査データについて，一度，徹底的に考えたら，後は実際の治療関係の中で転移を読み取る方に集中するということです。ここには「（意識的には所見を忘れていても）無意識は覚えている」という分析の考え方と，この考えに含まれる「忘れていながら覚えている」というパラドキシカルな分析臨床の特徴が影響しているかもしれません。

第Ⅲ部
加藤志ほ子先生の所見に学ぶ

本書の最後に登場するのは，加藤志ほ子先生による所見です。

事例概要に続いて，先生の所見を提示します。その後，先生と先生の所見を囲んでひらかれた座談会の記録が掲載されています。データと所見を照合するだけでなく，座談会で展開された議論や先生との質疑応答を参照していただくことで，先生が所見をまとめる上で駆使されている技術や感性の一端を学びとる手助けになれたなら幸いです。

第6章　所見例に学ぶ（その3）
──加藤志ほ子先生の場合

1. 事例Kの概要

　Kは20歳代後半の男性です。「体臭が気になる」という主訴で精神科外来を受診した事例です。診断は神経症（自己臭）で，病態水準の評価のために，心理検査が依頼されました（およそ10年くらい前にも，ロールシャッハ法を受けたことがあります）。

　Kは10代の頃から体臭が気になるようになったようです。高校入学後に初めて精神科を受診しました。高校は通信制に転学し，その後，大学に進学しました。初めての受診から大学卒業までの間に，同様の主訴で3回の入院経験があります。さらに，不登校だった時期もありました。

　大学卒業後一般企業に就職しましたが，半年ほどで退職しました。その後，公務員試験に合格しています。心理検査は就職前の時期に実施されました。ご家族は，両親と兄の4人家族です。父親は公務員，母親は専業主婦です。

2. ロールシャッハ・データと所見

　事例Kのプロトコルと集計結果，そして加藤先生の所見を順に提示します。なお，プロトコル中に記載されている〈　〉は検査者の発言で，（　）には，片口法の記号や反応の見方がまとめられています。

　なお，本章の事例は片口法によって施行されています。片口法なので，質疑が包括システムに比べると細かいために包括システムによるコーディ

172 第Ⅲ部　加藤志ほ子先生の所見に学ぶ

ングが困難であること，また，反応数が10個で包括システムによる分析の対象外であることから，この事例の記号による分析は，片口法に限定しています。

　一方で，前著に続いて本書でも，継起分析はロールシャッハ体系を越えて可能であることを提示しています。先生の所見には，継起分析に基づく理解が随所に盛り込まれています。包括システムユーザーの皆様にもこの点に着目していただくことで，先生の所見から臨床の技芸を学んでいただけることを期待しています。

		Free Performance	Inquiry
Ⅰ	① 9″∧ 45″	真ん中を中心として，踊っている姿ですね。どちらかというと未開の文明的でないらしい。宗教的な感じ。 〈他？〉ない（図版を伏せる）	（反応を繰り返して読み上げる）この二人（D2 × 2）。これが腕。〈腕〉服装からしててダボダボとして（D2 外輪郭の膨らみ部分）。〈どう見ているのか教えて〉帽子みたい（d1）。これが足，手，ポールみたいなものがある（D1）。何かを象徴するものかもしれないですね。〈踊っている〉ポールがここにあるのに，足がついていない。離れているところ。〈二人〉二人の人間。 W　M±　H,Cg,Obj
Ⅱ	① 10″∧ 38″	お互い見つめあって，お互いが手と膝をあわせている。ひょうきんにやっているのか，ゲームか遊びか（図版を伏せる）。	（反応を繰り返して読み上げる）人ですね。お互いの目を見合っている。〈お互い見合っている〉目（D3 内部の白い部分）の位置が同じ高さ。手（d1）と膝（D2 あたり）をあわせている。〈ひょうきん〉顔（D3）の表情とか形から。別に喧嘩しているのではない。〈表情〉口を開けたり…格好自体がね。〈格好自体が〉わりとひょうきんな，楽しく明るい，快活。知能はあまり高くない。〈そう思うのは？〉顔を見てて，雰囲気が抜けてる。 W　M±Fc　H　P

III ①	9″∧ 40″	女の人が，食べ物作っているような。どっちかというと文明的でない部族の人が，食べ物作っている。近所の人か分からないけど，一緒に作っている（図版を伏せる）。	（反応を繰り返して読み上げる）この胸ですね。お尻が出てる。全体的に痩せているような。入れ物（D5）の中をいじっている女の人かな。〈食べ物〉入れ物の中に手を入れて，向きあっている。井戸端会議みたい。〈特にそう思うのは？〉顔つきと，胸と，お尻ですね。 W　M±　H,Obj　P
IV ①	15″∧ 28″	怪獣なのかな。後ろ姿。とことこと，向こうの方に歩いて行っちゃうような。それだけ（図版を伏せる）。	（反応を繰り返して読み上げる）人間の形をしていないことと，足（D3）と手（d2）がある気がして。頭（d1）はあるけど，顔ははっきりしてない。人間の形していないから，怪獣じゃないかと。〈怪獣〉大きく見える。〈大きく見える〉後ろ姿を見せるってことで，行っちゃうって感じがあるし。〈特にそう思うのは〉この幅の広さ。胸囲の大きさというところかな。 W　FM±　（A）
V ①	7″∧ 27″	こうもりかな。飛ぶ鳥みたいな。結構鋭そうな。スピード速そうな。そんなくらい（図版を伏せる）。	（反応を繰り返して読み上げる）鳥の種類じゃない。〈鳥の種類じゃない〉翼（D1），足（d3），鳥に触角があったかどうか知らないけど，まあそういった感じで（d1）。〈他にあれば〉羽の形かな。まっすぐじゃなくて曲がっているのが，風の抵抗を受けやすいというか，速く飛びそうな感じ。〈こうもりらしさ〉色から見れば，こうもりみたいなんですけど。まっすぐ飛ぶような感じがするから。 W　FM±FC′　A　P

174　第Ⅲ部　加藤志ほ子先生の所見に学ぶ

VI		どう見てもいいんでしたっけ。ひっくり返しても？〈ご自由に〉	
①	25″＜ 38″	こうやって見ると，湖に映った森の影。そんな感じ（図版を伏せる）。	（反応を繰り返して読み上げる）結構，これ苦しかったんですけど。動物の皮，飾りにしたのにも見える。苦しまぎれて。〈湖に映った森の影は〉左右対称で，水面に映った森と。〈水面に映った森の影〉こうした内容って，よくありそう。そういった感じで。〈影〉境目が水面らしいというのと，何となく。 W　FK∓Fc　Na,Shadow
→②			〈動物の皮〉野生の動物の皮ひっぱがして，飾り物にしたものに見えなくもない。〈動物の皮の飾り物〉形ですね。足（d1）の形があったから。頭（D1），腕（d4）。〈野生〉だいたいこういうものになっているので，野生の動物。〈らしさ〉大した動物じゃないな（笑）。あまり格好よくない。飾り物でも，あまり高級でない。 W　F±　Aobj　P
VII ①	5″∧ 21″	幼い少女が遊んでいるような。近所の友だちか何か知らないけど（図版を伏せる）。	（反応を繰り返して読み上げる）手の動きからして幼さが感じられるし，おどけたところからも感じられる。〈幼い少女〉顔（D1）の形とか，スカートはいてるのかな。膝をつけあわせてやってる感じ（D5）。〈遊んでいる〉見てて喧嘩しているような表情にも見えないし，格好からして，ふざけているような雰囲気が読み取れる。 W　M±　H,Cg　P

VIII ①	12″∧ 45″	これが二人の人間で，火ですね。真ん中青いのが着物乾かしているのか，食べ物焼いているのか。んー…乾かしているような形ですね（図版を伏せる）。	（反応を繰り返して読み上げる）下が火てすね（D2）。〈人間〉手と足ですね（人間=D1）。〈人間について他に〉こういうことやること自体，人間しかない。〈火〉色とか。〈どう見ているの〉下のものがかざしている形。火をあぶっている雰囲気が。〈着物を乾かしている〉何か乾かしている。食べ物を調理しているのか。〈乾かしているのか調理しているのか〉んー…そうですね。火を使って，何か，火の力で何かしようとしている。〈他に〉これ，苦しかった方だと思う。 W　M∓CF　H,Fire,Cg	
IX ①	44″∧ 1′00″	そうだなー。火の中。人間が何かを身につけて，踊っているような。何かの儀式みたい。こじつけみたいてすけど（図版を伏せる）。	（反応を繰り返して読み上げる）これも苦しかった。〈どう見ているの〉たぶん人間が，何か身にまとって，人間じゃない形して，火があって（D2），炎（D3）。もちろんあまり熱くない服装をして，踊っている。やっぱり儀式かな。〈火，炎〉色ですね。炭がくすぶっているよう。色と形が。〈人間〉二人の人間。〈人間はどこにどうみているの？〉中に人間が入っているけど，わざとそういう形をして，火の中で踊っている（D3=炎だが，同時にこの中に人間がいるという説明）。〈特にそう思ったのは〉人間の形をしていないから。〈人間の形をしていない〉動いている。〈どこからそう思ったのだろう〉形かな。〈形〉これがななめになっているからかな。怪獣が変なもの身にまとっている。 W　M-CF,m　(H),Fire	

176 第Ⅲ部 加藤志ほ子先生の所見に学ぶ

| X ① | 12″∧ | これも人に見えますね。手をつないで、頭をすりあわせて、お祭りみたいかな、やっぱし。まわりにいるのが、なんだろう。動物たちが一緒にいるのかな。それだけです（図版を伏せる）。 | （反応を繰り返して読み上げる）この赤いの。灰色っぽいのが頭（D13）。青っぽいのが手（D7）。足。〈お祭り〉結構派手。〈派手〉赤とか青とか、いろんな色がまっているし、立っているにしては不自然。〈不自然〉人間の形をしていない。人間より小さいいろんなものが、一緒に踊っている感じ。 |
| | 47″ | | W　M-CF　H,A |

【イメージカード】

（父親）Ⅳ

（母親）Ⅶ

（兄）Ⅸ

（自分）Ⅰ

（Most Liked Card）

　Ⅰ，Ⅱ，Ⅲ，Ⅵ，Ⅶ，Ⅷ，Ⅸ，Ⅹ

（Most Disliked Card）

　なし

（中間）

　Ⅳ，Ⅴ

事例K 片口法 Scoring List

Card & Resp		Position	Location		Determinant		Content		P-C
			Main	Add	Main	Add	Main	Add	
I	1	∧	W		M±		H	Cg,Obj	
II	1	∧	W		M±	Fc	H		P
III	1	∧	W		M±		H	Obj	P
IV	1	∧	W		FM±		(A)		
V	1	∧	W		FM±	FC'	A		P
VI	1	∧	W		FK∓	Fc	Na	Shadow	
	Add		W		F±		Aobj		P
VII	1	∧	W		M±		H	Cg	P
VIII	1	∧	W		M∓	CF	H	Fire,Cg	
IX	1	∧	W		M-	CF,m	(H)	Fire	
X	1	∧	W		M-	CF	H	A	

※ロールシャッハ・テスト整理用紙［型式 K-VIIIB］を一部改変して作成

事例K　片口法 Basic Scoring Table

Location		+	±	∓	-	nonF	Total	%	Add.
W	W		7	2	2				
	W						11	100%	
	DW								
D	D								
	d								
Dd	dd								
	de								
	di								
	dr								
S									
Total R			7	2	2		11		

Determinant		+	±	+	-	nonF	Total	%	Add.
F			1				1	9%	
M			4	1	2		7	64%	
FM			2				2	18%	
Fm									
m (mF, m)									1
k (Fk, kF, k)									
FK			1				1	9%	
K (KF, K)									
Fc									2
c (cF, c)									
FC'									1
C' (C'F, C')									
FC	FC								
	F/C								
CF	CF								3
	C/F								
C	C								
	Cn								
	Csym								
Cp	FCp								
	CpF								
	Cp								
Total R			7	2	2		11		7

Content		Freq.	Total	%	Add.
H	H	6			
	(H)	1	7	64%	
	Hd				
	(Hd)				
A	A	1			1
	(A)	1	2	18%	
	Ad				
	(Ad)				
At	Atb				
	Ats				
	X-ray				
	A.At				
Sex					
Anal					
Aobj		1		9%	
Pl.f					
Pl					
Na		1		9%	
Obj					2
Arch					
Map					
Lds					
Art					
Abst					
Bl					
Cl					
Fire					2
Expl					
Food					
Music					
Cg					3
Shadow					1
Total R		11			9

※ロールシャッハ・テスト整理用紙［型式 K-VIIIB］を一部改変して作成

事例 K　片口法 Summary Scoring Table

R	(total response)	11		W : D	11 : 0	M : FM	7 : 2	
Rej	(Rej / Fail)	0	0 / 0	W %	100%	F % / ΣF %	9% / 100%	
TT	(total time)	6' 9"		Dd %	0%	F+ % / ΣF+ %	100% / 64%	
RT	(Av.)	36.9"		S %	0%	R+ %	64%	
R_1T	(Av.)	14.8"		W : M	11 : 7	H %	64%	
R_1T	(Av. N. C)	10.8"	E.B	M : ΣC	7 : 1.5	A %	18%	
R_1T	(Av. C. C)	11.4"		FM+m : Fc+c+C'	2.5 : 1.5	At %	0%	
Most Delayed Card & Time		IX, 44"		VIII + IX + X / R	27%	P (%)	5	45%
				FC : CF + C	0 : 1.5	Content Range	4(4)	
Most Disliked Card		なし		FC+CF+C : Fc+c+c'	1.5 : 1.5	Determinant Range	4(4)	
Σh/Σh (wt)				W - %		修正 BRS		
				⊿ %				
				RSS				

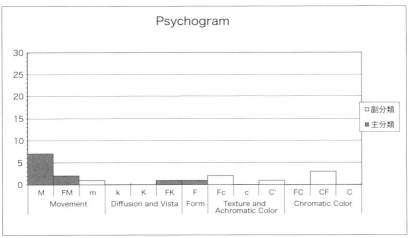

※ロールシャッハ・テスト整理用紙［型式 K-VIIIB］を一部改変して作成

180　第Ⅲ部　加藤志ほ子先生の所見に学ぶ

心理検査 結果報告書

事例K（20歳代後半男性）　自己臭

〈テスト態度〉

　距離をとって椅子に腰掛け，口ごもりがちではあるが，やや尊大な態度が感じられる（ex. 弱さ，無力感，無念さ，悲しさなど depressive なものを，そのように感じたり，表現しないで，強さで押し切ろうとするような態度）

〈スコア〉

R=11	W:D=11:0	M:FM=7:2
Rej=0	W%=100	F%=9　ΣF%=100
TT=6′9″	Dd%=0	F+%=100　ΣF+%=64
RT(Av)=36.9″	S%=0	R+%=64
R1T(Av)=14.8″	W:ΣC=7:1.5	H%=64　A%=18
R1T(AvNC)=10.8″	FM+m:Fc+c+C′=2.5:1.5	At%=0
R1T(AvCC)=11.4″	Ⅶ+Ⅸ+Ⅹ/R=27%	P=5(45%)
MDC & T = Ⅸ,44″	FC:CF+C=0:1.5	CR=4(4)　DR=4(4)
M Disliked C= なし	FC+CF+C:Fc+c+C′=1.5:1.5	

—1—

〈スコアなどから〉

* 反応数11と少ない。反応拒否はなく，指示には従っているが，反応に投影されるテーマや表現には，受身的に検査を受けてはいるが，内側にはいろいろな思いがある事が窺われる。初発反応時間も素早く，検査の経験もあり，要領よく対応している面も見られる。IXカードのように多色彩で形が捉えにくいカードでは初発反応時間が遅れている。

* 図版との関わり方は全体反応が100%で，課題に取り組む時は，大局を目指すやり方で取り組む姿勢が示されている。

* 内容は64%が人間反応であり，そのすべてが運動反応を伴っている。「踊っている」「お互い見つめあっている」「着物を乾かしている」「儀式みたい，火の中で何か身につけて踊っているみたい」「女の人が食べ物を作っている」などと述べられている。動物運動反応も示されており，内面での精神活動は活発で，本人なりの思いが込められた表現が多く示されている。

* 平凡反応＝5と多く，外界把握力の歪みがないが，内容の意味づけが盛んで，本人の思いに沿った連想が続きやすい。かなり主張性が強く，本人の思いを語ることにエネルギーの配分が多くなりがちな様子が観察される。色彩や陰影などカードの特性を取り入れるより，自分の思いを語ることに関心が向きやすい様子。

* 多彩色図版になると，連想のまとまりが悪くなり「火の中の儀式」「中に人間が入っているけど，わざとそういう形して…」などと意味づけていく様子も観察される。

* 反応数を抑えているが，内面にはさまざまな思いや，本人なりの考えが詰まっていて，機会があればそれを表現したいと考えて，自己抑制が強い状態ではないかと思われる。

—2—

所　見

〈自己表現は抑制傾向〉

　反応数11と少ない。しかし全部が全体反応で，多くの運動反応
（M=7，FM=2）を伴い，生産量より，活発に動く内面がすぐに示されて
くる。表現したいものはありながら，それを抑制して，抑えることで自
分の安定を保とうとしている様で，表面的な対応としては控えめだが，
その内容にはさまざまな気持ちが込められている事が伝わる。

〈自己優位性を保とうとする姿勢が根底に〉

　人間運動反応は「踊っている人」「お互い見つめあっている」「女の人
が食べ物を作っている」など協調的で友好的な捉え方から出発するが，
さらに意味づけに投影されるのは「どちらかというと未開の文明的でな
い（人）」「知能はあまり高くない」などと対象を脱価値化していく説明
が多くなり，友好的な捉え方に安定できない対象関係が投影されてしま
う。動物反応も「たいした動物じゃないな」「皮ひっぱがして飾り物に
した」など，反応を価値下げしていく表現も多くみられる。内在する競
争心と自己優位を保とうとする姿勢が推察されてくる。外界の対象に対
し，この人が常に取り易い距離は，自分から闘争を仕掛けないが，相手
を価値のないものと意味付けて相手にしないというやり方ではないかと
思われる。周囲との対人関係の際，常に自分が上か下か，強いか弱いか，
喰うか喰われるかという査定が優先し易く，緊張感が高まり易く，スム
ーズな情緒交流のできにくい人ではないかと思われる。

第6章 所見例に学ぶ（その3） 183

〈情緒統制のムラと無理な合理づけ〉

　Ⅱ・Ⅲカードの色彩は無視をして対処が進んでいるが，多彩色のⅧ〜
Ⅹカードになると「わざとそういう形をして，（人が）火の中で踊って
いる」「お祭りみたい。けっこう派手。人間より小さいいろんなものが
一緒に踊っている」「火に着物を乾かしているのか，食べ物を調理して
いるのか」など，連想は活発に進む。しかし激しい衝動の露呈と，それ
を無理に合理づけていこうとするものばかりになっており，情緒統制の
バランスの悪さが，この人の自我機能の問題の一つとなることが示され
ている。

〈何か思い通りでないという不満〉

　本人はこれを自己統制しており，内面が表面化していないと自負して
いる様子であるが，程よく表現できない激しい欲動は，内側に籠りがち
で，十分に自己表現できないという不全感を内包しているのではないか
と推察される。

　外界の情緒刺激から，引き起こされる不安・不快・心細さなど，弱い
面については，対象を脱価値化していくか，fantastic な気分を掻き立
てるかで，対応しており，いずれの場合も，自分の弱さについては，分
離・排除されている様子。

〈自我機能水準〉

　この心性のあり方から，Borderline-personality-organization がある
人と考えられる。現在は，自分の強さを確認できる position にあり，
自覚的にはやや安定しているものと推察される。本テスト上からは，上
述のような自己愛傾向のあるやや偏りのある人と考えられる。

第7章　座談会

　前著の座談会に参加したメンバーが集まって，加藤先生と先生の所見を囲んで話しあう機会をもちました。事前に討論内容の台本のようなものはあえて作らず，その場で気づいたり考えたりしたことを話しあう形式がとられています。このため，語られている内容に少しばかり重複があります。代わりに，この記録には，加藤先生はじめ座談会参加メンバーの人となりと，臨床家としての姿が直接的に現れているのではないかと思います。グループの雰囲気も，伝わりやすいかもしれません。

　話題は，加藤先生の所見から私たちが学びとりたいこと，心理検査の所見をまとめる工夫などの話題にとどまらず，心理検査をめぐる現状やこれから向かいたい方向性など，多岐に，そして自由に展開しています。加藤先生の指導を受けてきた私たちの経験と学びが，この座談会記録を通して，皆様の日頃の臨床の参考になるところがあれば幸いです。

［座談会出席者］

　加藤志ほ子，吉村聡，北村麻紀子，池島静佳，松田東子，満山かおる

加藤先生の所見のまとめ方

北村：それでは始めたいと思います。加藤先生の所見を，特に，初学者の人がどう理解して，それぞれの臨床に役立てるか，ということについてお話しできればと思います。最初に，加藤先生から，所見をどんなふうに書いているのかということについて教えていただければと思っています。

加藤：いやあ，なかなか難しいな（笑）。…でも，データを所見にする時っていうのは，ある種楽しさがあって。どういうふうにまとめようかな

って思って。たとえば依頼された主治医に，いろいろ聞きたいであろうことに沿って，データからお返事ができればいいな，臨床に役に立てばいいなという気持ちで，とりかかるでしょう？　たぶんね（笑）。検査している時に，クライエントさんとのやりとりから，その人の特徴がいろいろみつけられて，もう，入口入ってくる時から特徴がありますよね。

池島：立ち居振る舞いから。

加藤：そうそう。カードの取り扱いとか。こちらの説明に対しての対応とか。そういうのを全部含めて，その人のことを理解するじゃない。で，検査が始まると，言ってくださった内容を見ながら，病態水準が決まってきて。inquiry をすると，またその人らしく，いろいろ説明してくれるところで，その人の課題に対する対応のやり方がいくつもいくつも見えてきて。あ，そういう人なのか！って思って，検査が終わる感じですよね。それから，出てきたデータを集計して，集計上の数値から，仮説にあっているかどうかを見て。でも，やっぱり仮説は仮説なので，データ全体を見ておく必要があるんだけど。一つ一つのカードの連想の仕方とか，そのときの言葉の使い方とか，こちらが働きかけた時にどう対応するかとか，そこは，その人の課題に対する，あるいは人に対する対処のあり方や特徴があって，いくつもいろいろなデータとして入ってくるっていうのかしらね。あ，この人ってこういう人なんだ，こういうことを聞くとこんなふうに答えるんだって，そんなふうに理解してるかな。で，それをまとめていく。10 枚のカードの中でいろいろやりとりがあって，検査が終わって。そしてその人について，まとめていく時の枠組みですよね。大体の水準について，「うん，この人は psychotic だ」とか，「psychotic な水準の反応はなかったな」とか，「自己表現の主張性が高かったな」とか，「主張することについて，この人はどういうふうに対応しているかな」とか，なんかそんなことがいろいろ見えてきたりして。で，一息おいてから，どこからまとめていこうかなって考えるかしらね。

北村：どんなふうに考えますか？

加藤：テストを取り終わった段階で，この人の自我水準とか，自我の機能の様子とか，病態とかについては，大体，自分の中で把握しているもの

があるじゃない？

吉村：そうすると，記号にする前に，やりとりや，反応語や，受け答えの中から，考えるということになりますね。

加藤：そうですよね。きっとみなさんも，そうしてらっしゃると思うんだけど。だから，検査を取り終わった時には，大体，その人についてのアセスメントは，ほぼなされているんじゃないでしょうかね。繰り返しデータを読みながらスコアリングしながら考えるというのはあるけれども。

検査実施中に見立てができるようになるまで

吉村：そこが，加藤先生の場合は，検査をとりながら，ある程度解釈が浮かんでいて，ある程度見立てができるんだけど，それは難しいと感じる人もいますよね。先生は，こうして聞きながら解釈が浮かぶようになっていくまでに，どれくらいの時間，臨床経験があったんだろう？　それが気になっています。

加藤：あ，そーれーはー…。

池島：最初からそれができたのでしょうか？

加藤：あ！　それはできない（笑）。

松田：そこ！　そこです。

一同：（笑）

加藤：それはできないですけども，もう，みなさんぐらいだと，結構できてるんじゃないかな。

吉村：どれぐらいの，たとえば年数もそうだし，どんな勉強をたどっていくと，そういうことがある程度見えてくるのかとか，たとえば初学者の人たちはそれを聞きたいんじゃないかなと。

加藤：そうかぁ。でも，それは，基本になるけれど，やっぱりこの資料で，テストからの数値のデータとかありますよね，それに伴う仮説がたくさんあって。それは教科書を読みながら，こういう反応があるときにはこうだとか，全体反応がある人とか，無い人とか，すごく細かいところにこだわる人とかって，いろんなその人の特徴，課題に対する対処の特徴

とか，そういうものを見ながら考えていくと思うんですよね。それから
あと，テスターとのやりとりを見ながら，そこを判定していくっていう
ことがあるんじゃないかと思うんですよね。こちら側が，ちょっと聞き
たいと思うことを聞いたり，ちょっと念を押すわけでしょ，やんわりと。
それに対してちゃんと質問の意図を汲んで答えてくる人とか，構えて答
えてくる人とか，無視しちゃう人とか（笑），ま，いろいろあったりす
るんだけど，そういうやり取りの中に，その人らしさが見えてくると思
うんですよね。テストの反応や言葉以外にも，きっとあると思うんです
よね。でも，それができるようになっていくのは，なかなか難しいこと
かもしれないけれど。私は，勉強始まって 10 年ぐらいした時に，Ａ先
生のグループの勉強会にご一緒させていただいたんですね。私は，ちょ
っとあの，「え，そんな！　まだまだ！」と思ったんですけど。「いつま
でそうやって人に教えてもらってるんですか」って，「いつまで甘えて
いるの！」って言われて。

一同：（笑）

吉村：Ａ先生の顔が浮かぶ（笑）。

加藤：「そうか，行かなきゃいけない」って思って，講師としてご一緒さ
せていただいて，そうすると，そこで整理のしなおしがあって，伝えて
いかなければいけないこともいくつか学んでいく。そういう形の学びも
大きかったですかね。

吉村：前の本の時も，そういう話がありましたよね。教える立場になると
勉強になるって。

松田：うんうん，確かに。

池島：ひたすらそういう特徴とか，数値とか，仮説とかを，一つ一つ覚え
ていくしかない時代が，まずありますしね。

加藤：それはそうですよね。

やりとり（関係性）から読み取る

吉村：今の先生の話で面白いなと思ったのは，記号の仮説をしっかり自分

のものにするっていうことと，もう一つあったのは，記号の仮説には必ずしもおさまらないようなものもあって，それは，検査者とクライエントのやりとりの中から，こういう質問をした時に，どう返ってくるかっていうところに注目するっていう話があったところですよね。記号ではなかなか拾えないところで，シークエンスで読む強みなんだけど。そこの部分については，ついて「も」なのかな，検査中にすでにもう注目していて，何かやっぱり先生のアンテナがそういうところに向いている感じがしますね。

加藤：あ，そうだと思います。

吉村：だから，すごくセラピーと同じだと思う。

加藤：あ，そうです，そうです。

吉村：セラピーも，クライエントの連想の中で，私たちは受身で聞くかもしれないけれど，必ず何かを言ったり，ま，相槌も含めて何かするわけで，その時にどういう反応が返ってくるかこないかっていうことから，アセスメントして，また進んでいくんですね。きっとね。同じことなんですね。

加藤：心理検査の場合は，投映法の，ロールシャッハの課題があるんだけども，課題があるっていうだけの話で，やっぱりその課題を，被検者がどのように感じて理解して，それをテスターとの間でどういうふうにコミュニケーションをとって表現していくのだとか，対応していくのかっていうのが，その人の特徴として，こちら側にこう蓄積されるっていうのかしらね。そんな感じかな。そうじゃないかしら。

北村：やりとりから，その人を知るっていうのは，継起分析で読むのとどう違うんですか？　少し，似てる感じがしますけど。

加藤：反応として，ちゃんとまとまって伝えてくれたものをスコアして，継起分析をするって形になるんだけど，それ以外の言葉遣いとか言い淀みとか，性急さとか，それから情緒的な反応を加えて，それを理解するんじゃないですかね，私たちは。推測するんじゃないですかね。

北村：間合いとか，そういうもの。

加藤：そうですね。

吉村：活字にならない，なりくにくいものも含めて，リアルな場面ですでにいろいろ考えたり感じたりするってことなんですね。

加藤：あ，そうですね。

吉村：活字にすると，間合いとか，その場の緊張感ってやっぱり見えにくくなって。ま，全く見えないわけではないですけど，だとしても見えにくいですものね。

池島：だからこそ，すごく丁寧に逐語で書いてねって，常日頃から SV でも伝えるわけですよね。

吉村：プロトコルが大事になるよね。

池島：何が起こっているのか。言い淀んだ，とか。

吉村：初心のうちは，もう，書きとるのに必死で，書くので精一杯だけど。

一同：（笑）

加藤：そうですね。

池島：何が材料になるのか，初心のころはまだわからない。けれど，location を聞いて，determinant や content を聞いているってことが大切ですよね。何を聞いているか？　全部それが必要なことだから聞いてる，なんだけど。そのやりとりで，自我の水準がわかったり，パーソナリティの傾向が見えたり，病態が見えてきたりするっていうのがある。だから，一つ一つ聞いているものは，どれも無駄がないよね。

加藤：あとそのやりとりを，クライエントさんが，どういうふうに理解するかっていうことも一つのテーマで。こちら側が，いろいろ言ってくださったことをよく聞いて，ここが足りないとか，言っていることに矛盾があるとか，もう少し聞きたいとか思うときに，聞くわけじゃない？　それを，こちら側が伝えると，それに対してどう対応してくるか。反応のやりとりっていうところが出てきますよね。

池島：「聞いてくれる，わー！」って話す人もいれば，「責められてる…」みたいに思う人もいるだろうし。

松田：言い訳を始めるとか。

加藤：テスターが，こういうふうに聞いているってことについて，どういうことをテスターが求めているのか考える人もいるし。考えないで，な

んかいろいろ言い訳しちゃう人もいたりして。だからそこのところも人によって少し違うかなって，思ったりするんですけどね。

北村：継起分析で読めるところももちろんあるし，その場で感じるところもあるし，あるいは逐語にしたことでより見えてくるところもある，ということですかね。

加藤：うんうん。そうね。

池島：何一つとっても，全部材料ですね…。

加藤：だから，カードを使って検査はしているけれど，面接でやりとりしているのと，あまり変わらないところもあるのかもしれないね，そこは。相手を理解する手段ですね。

吉村：面接も，その場で感じて理解してっていうことも必要だし，っていうかそういうふうにするんだけど，それと，プロセスノートを書いて，後で，たとえば事例検討会に出すときに，書く中で気がついたりすることもあって。これも同じだけど，でも違うところもありますよね。たとえば，テスター・テスティーの関係に注目して，その場の何か vivid なものを感じることは大切だよっていうはわかるんだけど，じゃあ，実際に自分がデータを取りながら考えて，何か解釈や所見のために生かせるようにするにはどうしたらいいかってなると，大事なことはわかるんだけど，何をどうしたらいいか，どうしたらこの所見を書けるようになるかっていうとまた，難しい。

加藤：あ，それは検査が終わってから，まとめる時に考えなきゃいけないんだね。

吉村：そうですね。

加藤：どこから，どういうふうに表現して，この人を描写しようかってことは，あるかもしれないね。

事例Kの検査態度について

北村：先生は，この人の所見では，どこからどう描写しようと思ったんですか。

加藤：この人については，テスト態度がそうなんだけども，お部屋に入ってきた時の感じからして特徴があって。検査にも慣れてるし，病院にも。

北村：慣れてる？

加藤：慣れてる人なんですね。もう高校生の頃から医療機関に通っていて，入院もしてて，主治医がずっと同じ方だったんです。たまたま私のいた病院に，その主治医が異動して来たので，クライエントさんもそこにやってきてって感じで，お会いしてるんですよね。だから，主治医の方も，彼の病態についてはもう10年ぐらいの経過があるので，わかってるし。でも，そこで改めて，病院も変わったし，検査してもらおうかなってことになったんじゃなかったかしら。

吉村：お部屋に入ってくる時のところから特徴があったっていうのは，今回，データとして本の中に十分には書かれていないんですけれども。もしよろしければ，もうちょっとどんなご様子だったか教えてもらえますか。

加藤：このデータはすごい古いデータなんだけども，データ出して見ていたらね，彼のこと思いだしたんですよね。何が特徴的かっていうと，すごく尊大な，こう，負けないぞ！　という感じ。主治医から検査しなさいって言われて来たんだけれども，僕は検査なんかしたって全然負けないから大丈夫！　みたいな感じで，お部屋に入ってくる。だけど，11個しか反応しないわけですから。

一同：（笑）

加藤：言わないぞ！　みたいなところが，おありになるんじゃないかなって思うんですけどね。「そんなに言ってやらない！」「検査を受けるほどの自分の問題はないんだ！」みたいな気持ちがおありになるのかな？っていう，なんか，そんなことを思い出すんですけどね。表面上は一応社会性は保たれているし，問題ないんですけどね。そんな感じかな。

吉村：そこが臨床的な直観なんでしょうか。たとえば尊大な態度だなっていうのは，大学院生レベルでも感じるんじゃないかと思うんだけど，その態度の向こう側に，負けないぞとか，言わないぞとか，そういう意味合いが含まれているっていうところまで読みとれるのかどうかが，ちょっとわからないなと思って。

加藤：あー，そうですね。

吉村：で，そこは，これがだいぶ前の事例で，データを何度も読みこんでいらして，所見も出した後なんで，態度と解釈とかを行き来していて，振り返ってみるとそういうふうにまとまっちゃうってことかもしれないんだけれども。でも，先生の所見を何度か読ませていただくと，やっぱりこのテスト態度の記述の中に，事例の理解が相当含まれていて，事例の本質が短い言葉で記述されているんですよね。だからきっとたくさんの態度や振る舞いがあると思うんだけど，あ！ ここがこの事例で大事な態度なんだっていうフォーカシングがあって，それを，ねぇ，私たちは，身につけたいなぁって思うんですけどね。

加藤：それはきっと，心理検査ばっかりじゃなくて，面接もやってると，患者さんが面接室に入っていらして，椅子に座って，面接がはじまるっていうところと，あまり変わらないと思うんですよね。

吉村：そうですね。

北村：所見には「尊大な態度」って書いてありますけど，その後に書かれている，「弱さとか，無力感，無念さ，悲しさなど depressive なものを，感じたり，表現したりしないで，強さで押し切ろうとするような態度」ってところに，すごくもう，態度に対する解釈が入っていますよね。

吉村：そうそう，解釈ですよね。

加藤：ふふふ。ちょっと書きすぎね（笑）。でも，それは，きっと，このデータ全部，検査し終わって，報告するにあたっては，こういうふうな意味合いのほうが，読み手はわかるんじゃないかなって。一番自分が感じてる部分を，なるべく短く，2-3 行で伝えるっていうことを，ちょっと意識してっていう感じかしらね。そういうことあるかもしれないわね。

北村：態度は，態度として描写するだけじゃなくて，解釈も含めて態度を書かれているっていうことですね。

加藤：あ，割合と私そういう感じ。

吉村：そうですね。

池島：尊大さの裏にあるものね。

加藤：それはやっぱり検査の中に，弱さに対する防衛としてのいろんなも

のがあるんじゃないかな。それは彼のやり方として固まってるんじゃないかなと思うから，ついこう書きたくなっちゃうのかな。で，それを主治医に，検査の依頼者に伝えたいというところがありますね。

読み手を意識して書く

北村：私は，こういう態度を書くときに，こういうふうに「尊大な態度」って書くと，こちらの逆転移というか，批判的なところが入っちゃう気がして，書くのを躊躇したり，マイルドにして書こうとするんじゃないかなって思うんですけど，先生は，こう，しっかり書かれているんですよね。ここはどうなんでしょう。

加藤：ふふふふ。

一同：（笑）

北村：率直に書かれている感じがして。

加藤：あ，すごくそうです。それは自分の感性にやっぱり従っちゃうのかしらね。それから，私は報告書にまとめる時に，読み手になるべくわかるように，伝わるようにと思って書くんですけどね。皆さんもそうじゃないのかな。

吉村：読み手を意識しますよね。

加藤：うん。

池島：うん。誰に書いているか。

加藤：私の場合は，主治医。ご本人に向かってこの検査の結果をお返しするってことはなかなか無くて，病院の中では主治医，困ってらっしゃる主治医に理解を伝える，検査を通しての理解を伝えるって感じなんですけどね。

北村：本人が読むのだったら，これは書かないですか？

加藤：あ！ 書けないですね。でもね，この所見は，今回ここで，何年もたってるから書き直してそうしたんだけど，本人に対してこれを出したかどうかは忘れちゃった。

吉村：今だったらどうされますか。

加藤：こういう時にね，尊大な態度が感じられるとか，ご本人が読むなら
　　　ば，書けないかもしれない。

池島：もうちょっと表現がマイルドになりますね。強気な態度，とか。

加藤：うん，うん。強気もなかなか書けないかもしれないね，彼はね。す
　　　ごく防衛的だから。

北村：本人用の所見の場合はかなり気を使って，もうちょっと違う感じで
　　　表現するかもしれないってことなんですね。

加藤：そうですね。そう思います。

所見のまとめ方（3枚にまとめる）

加藤：今私は，所見を三枚でまとめていて。一枚目は，このテスト態度
　　　と，スコアと，スコアから理解できたことをお書きする。それは本人が
　　　読んでもいいような形でお書きする。二枚目には所見として，主治医向
　　　けに書いて。それから，SCT を三枚目につけてお返事する。本人には，
　　　SCT と一枚目を，もし要求されたら開示する，というふうに，伝えて
　　　いるんですけど。

北村：じゃあ，テスト態度はいつも同じものを，主治医とご本人にお渡し
　　　している？

加藤：うん。だいたい。ここはちょっと書きすぎてますね（笑）。

スコアと所見

北村：では，スコアの方は，いかがでしょう。

加藤：スコアは，スコアの中で，伝えたほうがいいものをピックアップし
　　　ていますね。全部は書かないんじゃないかな。全部書いてます？　全部
　　　は書かないと思いますけど。

吉村：そこが，この後の所見のところもそう，同じことになるんだけれど，
　　　書くものと書かないものがあるじゃないですか。そこは難しいところで，
　　　やっぱりこの取捨選択の中に，もちろん事例の理解があるからこそ，こ

の事例ではこのスコアの解釈が大事だよねってことになるし，この事例
ではこのスコアの解釈はまあいいかなと思って省くわけだと思うんです
けど。それをどうやって判断しているのかというところは，お聞きして
みたいです。

加藤：スコアについては，ほぼ出してると思うんですけど，…とりあえず
心理検査の結果だから，枠組みとしてね，概ね出してると思うんですけ
どね。

北村：いつもここは入れる，みたいなものってありますか？

加藤：だいたいこのぐらい書いてるけどな。包括システムだともっと，し
っかりスコアが出てくるでしょうからね。

吉村：それは。コードが多い，指標が多いんで，いっぱい出ますね。

加藤：うん。で，コードだけ見れば，なんか，抑うつ傾向とか，そういう
のが出るようになってますものね。

吉村：ま，そういうサインは，コードだけじゃないんですけど，でもまあ，
いろんな指標がありますね。

加藤：ここでほとんど全部出てると思いますけど。

池島：全部出ているけれど，まとまりになって読みやすくなっているから，
その人らしさがスコアリングの中でも見えてくるんですよね。

吉村：そうだと思う。だからよく読むと含まれているんだけど，たとえば
細かいことを言えば，「FC:CF＋C がいくつだからどうだ」みたいな解
釈はここには書かれていなかったですね。

加藤：あ，書いてないです。

吉村：だから，記号の解釈を一つ一つ書いていってみたいなことではなく
て，意味のまとまり，クラスターみたいなものにまとまっていって，事
例の理解の中で統合的なまとまりのもとに，まとめられている感じがす
るんですけど。そこがベテランの仕事なんですよね。初学のうちは全部
書くじゃないですか。

一同：うんうんうんうん。

吉村：ほんっとに全部書く。

一同：全部書いてた（笑）。

事例の全体像を把握する

吉村：じゃあ，この事例のことを，どういう人だと思うの？って聞くと，「んー…」って固まって，しばらく時間が過ぎて，みたいな（笑）。

池島：身に覚えがありすぎて（笑）。

一同：（笑）。

吉村：要するにどういう人なのって聞くと，それを聞きにSV受けに来たんじゃないかみたいな，すがる目で見られたりとかして。

北村：A先生が言われてましたね。「それで？」って。

池島：「それで？」って（笑）。ぜーんぶ，こうスコアリングについてぜーんぶ網羅して網羅して，「はぁ終わった！」って思うと，「それで？」ってもう一回言われる。

一同：（笑）。

吉村：大事なんだけどね，一つ一つの解釈は。で，「それで」の作業を超えた先のものが，ここにまとまってるなと思って。

一同：うんうん。

北村：特に最後のところですかね，「それで」ってところは。

吉村：そうそう。これを書けるようになると，「おおっ」て感じ。

北村：所見はこれだけでもいいんじゃないかってくらい（笑）。

一同：（笑）。

池島：かなり踏み込んだこの人理解ではありますよね，最後のパラグラフは。

吉村：R=11 だったら，生産性がなくて，貧困で，何もしゃべれない人だとか，大人しくて受け身的な人だとか，そういう話も所見に書けそうだけど，他の記号とか様子を見ると，それは抑えているだけであって，内側には結構いろんな思いがあるんだ！ みたいなのが，この後の所見も全部そうですけど，基本ここに集約されているところがあって。これを記号やおおまかな反応語から書けるようになるっていうのが，ね。

池島：やっぱり，inquiry した後の発話量の多さもあるし，自由反応段階ではある程度抑制的っていうか，そっけない感じだけど，inquiry が入

ると，結構話すじゃないですか。

加藤：そうですね。だから本人の中に言いたいものとか，主張したいものとか，aggressionとか，色んなものがあるってことが，伝わってくるんですよね。

池島：単純にRが11だ，貧困だっていう話では全然なくて。

松田：うんうん。

吉村：紋切型で考えるとそうなっちゃう。だから，inquiryで喋っているっていう，火でしたっけ？　火の中になんかすごいのが…踊ってるんでしたっけ。

加藤：あ，ありました。

吉村：たとえばcontentの象徴的な意味合いとか。いろんなところから，「いや実は違うんだ」みたいな話になっていて。

加藤：それにスコアでいっても，Mがすごく多くて，人間反応がすごく多くて，で，それの意味づけがすごく活発でしたね。だから，そういう意味ではこの人の中には，表面的には11個しか反応しないけれども，いっぱい詰まってる。本人の中の，抑制なのかな，わかんないけどね。

北村：スコアが貧困なわけではなかったですね。

加藤：そうです。Mが多かったですね。

吉村：Rが11なのにMが7。

池島：すごいことだよね（笑）。

加藤：かなり歪んでますよね。

吉村：数だけじゃなくて，意味づけがすごいんですよね。

加藤：そうですね。その意味づけの中に彼らしさがあって，心の中で，ああ思って，こう思ってって，でもそれを，まあ，適応のために，本人としては適応のためなのかわからないんですけど，こういろいろ言ってるとか，操作してるとか，我慢してるとか，でもそういうものを表現してる，なんかそういうことが伝わってくる資料なんですよね。

池島：だからスコアリングのところは，その先の所見の中身で表現されている，彼の見取り図が含まれているわけですよね。

加藤：あ，そうですね。そんなところですね。

北村：でもスコアだけで書こうとしていない感じはしますよね。「多彩色図版になると」っていうところだと，「意味づけていく様子も観察される」って書かれていて。スコアを中心にしているけど，スコア以外からもどんな人かを描写していますよね。

加藤：そうですね。

吉村：所見の前のラフスケッチみたいなものなのかな。

北村：MがどんなMかってことも意識しながら，Mが7の意味も描写してるっていう。

池島：中に入ってくよーって感じが。

加藤：彼は反応数が11のうち，Pが5つもあって，なんか，なかなかはみ出さないんですよね，表面的な行動はね。だけど中に，Mが多かったり，色彩のカードになると結構いろんなことを言われて，だから，心の中には山のように詰まってるって様子が伝わってくるんですけどね。こんなに内側にいろいろあると，たいていは，もう少し壊れてしまって，はみ出しちゃったり，適応が悪くなったりするもんなんだけど，彼にはそれは一応ないんですよね。まあ，形態水準がマイナスプラスとかでも，最後二つはマイナスにしちゃったけれど，でも，一応説明はつけられたっていうのはあるんですけど。そこが彼の自我の力でもあるし，偏りでもあるしっていうふうに，判断することになるのかな。

北村：F%=9っていうのも，すごい。

池島：うん，すごい。

一同：（笑）。

吉村：一桁。

加藤：これね，追加反応で出たね，P反応なんですよ。

吉村：あぁ，そうだ。Fが一つ。しかも追加反応！

加藤：そう。Ⅵカードでね。

吉村：ほんとだ。

北村：やりすぎたから，Fを追加したのかな。

満山：ほとんどMとFM。

加藤：動物の皮とか言ってPにしたんだけども，でも「たいした動物じゃ

ない！」とか言って，対象の脱価値化はありますね。だからこの人は，スコアから言っても，なかなか特徴が読めるような人だったんですね。

所見に盛りこむ内容と盛りこまれない内容

北村：Fが9％って，先生，私だったら所見の中に入れたくなりますけど。先生はあんまり入れたくならなかったんですか？

加藤：ああ，項目として書くのに？

北村：そう，スコアの所見の中に。

加藤：ああ，書けばよかったね！

一同：（笑）。

北村：この，「9％しかない」っていう気持ちをもとに，なんかどこかに入れたくなってしまうけど。

加藤：そうですね。そう思います。入れましょうか。

北村：先生，入れるとしたらどこに入れます？

加藤：うーん…どこにしようかな。

北村：でもきっと，入れなかった理由があるんですよね。

加藤：特別ないんだけど，そんなに書ききれないじゃない。1, 2, 3, 4…4つ目と5つ目の間ぐらいかしら。

北村：もう一つ項目をたてて？

加藤：うん。

北村：なるほど。

吉村：まあ，4つ目に「主張性が強くて」「思いを語ることにエネルギーの配分が多くなりがち」で，「思いを語ることに関心が向き」って書かれていて。だから，事実上，ここに書かれているようなもので。この話をFの観点から記述するかどうかっていうぐらいなのかな。

北村：逆に，Fの観点にあまり注目しないで，他の観点からFの少なさについて触れてるってことですね。

吉村：そういうことじゃないですかね。

北村：そうじゃないと，確かにまとまんなくなっちゃうかもしれないです

ね。私たちも書くときに，そういう目立ったことを全部入れようとしない方がわかりやすいのかな（笑）。

一同：（笑）。

池島・吉村：欲張らない。

松田：こんなふうにスマートに書けるといいんですけど。

吉村：だんだん，セラピーもそうだけど，ベテランの先生って，だんだん喋らなくなるらしいじゃないですか。解釈もあまりしなくなるというし。実際，Ｂ先生は「頷くだけ」とか言うし，Ｃ先生は「僕は解釈はしない」とか言っているのを聞いたこともあるんですよね。

加藤：おおー！

吉村：いや，それは，「先生，先生の言われている解釈は，ものすごく狭い意味で使ってるんじゃないですか」って言いたくなるんだけど。でも，その先生が言うには，「若い時に比べると，明らかに解釈しなくなった」って言っていて。なんか，だんだん所見の話も同じかもしれないけれど，本当にあの，大事なことに絞りこまれて行って，書かれていないことは書かれていないのではなく，書かれていることの中に書かれていないことが含まれているみたいなことになっていくのかな？ みたいな。

北村：なるほど。そうすると，「F%=9」は，いらない。

吉村：じゃないかな？って想像してるんですけど。いや，それはあの，名人芸の世界で。

松田：名人芸（笑）。

吉村：下手にまねすると火傷するんじゃないかって（笑）。

一同：（笑）。

北村：初学者だとしたら，「F%=9」を入れてもいい？

吉村：うん。注目しておくことは大事。

北村：で，だんだんベテランになったら入れなくなる。

一同：（笑）。

加藤：大事な特徴だと思いますけどね。

池島：でもあの，文脈の中には入っているから。

松田：うんうん。

池島：気づかないくらいに。

北村：スコアでもだいぶ盛り上がりました。

松田：盛り上がりました！

所見の項目について

北村：じゃあ，そろそろ所見にいきましょう。

吉村：所見。いわゆる所見ですね。

北村：こちらは，先生，どんなふうに書かれているんでしょう？

加藤：所見を書くときには，えっと…項目は，まあ，4つぐらいに分けて，読み手が読みやすいようにしようと思っているんですけども。一番外側にある彼，彼女の様子を，一番伝えやすい言葉とか特徴を最初に書こうと思っています。で，その他に，二つぐらい特徴があったら，そのことを書いて。で，病理についてわかることを，反応とか，反応の様子とか，それに関わった本人の様子を捉えて，表現して，最後にトータルで書こうかなって思ってますけど。

北村：今，すごい大切なことを言われた気がします。

池島：ちょっと待ってください。今3つぐらいしかわかんなかった。

一同：（笑）。

池島：はじめは，外側に見えているクライエントの特徴？

加藤：うん。

吉村：自我心理学っぽいところですね。

池島：一番見えているクライエントの特徴について。

加藤：だってそれは，あの，主治医だって，他の人だって，みんな見てるところだから，一番わかりやすいじゃない？

吉村：外から見えるところっていう，みんなで共有しやすいところから入って。

北村：外から見えるところって，どういう意味ですか。

加藤：それは，この人の場合で言えば，あんまり表現しないで，ぶすっと入ってきて，言葉数少なく，反応数少なく，問題を処理してるっていう

ところが，一番の外側じゃないでしょうかね。

北村：テスト態度の一番最初に感じたようなところが，まず一番ってことですね。

加藤：その人はそこが特徴だってことは書くんじゃないかなと，思うんですけどね。

北村：テスト態度に見たものを，スコアの観点から見て，所見の観点から見て，みたいな感じなんですね。

加藤：この人はやっぱり，一番，自己表現のところがね，抑制してるなーっていう感じをもつから，一番最初に持ってきちゃったわね。

池島：自己表現を抑制している…が，外側からも見えたってことですか。

加藤：うん。見えないかしら？

吉村：自己表現が少ないというだけではなく，抑制ってとこに，解釈が入ってるんですね。

松田：うんうん。

吉村：だから，見えるもの，だけではなく，ちょっと内側を意識して書いてはいるんでしょうけど。

加藤：そうか。

北村：で，次に，特徴って言われてました？

加藤：あ，やっぱり，伝えなきゃいけないところは特徴的なところですよね。

吉村：心理的特徴みたいな感じ。

加藤：そうですね。あとは，彼の問題点もそこに含めていて，Mがすごく多くてその中に色んなものが含まれてたから，彼の場合は，それについて描写したっていう感じでしょうかね。そうやって，そういうその態度をとっている彼の内側にある aggression の強さとか，ある意味の粗雑さとか，そんなのがあるんじゃないかなと思いながら書いてましたね。

吉村：粗雑さですか。

加藤：あ，それはいま，ちょっと出てきた言葉で（笑）。関係性の中ですごく彼は，緊迫してて，いつも人との間では，自分が上か下かとか，自分は本当は上なのに！ 負けないようにしようとか，食うか食われるかとか，そういう形でその場を過ごしているっていう感じがしてて。本当

第7章　座談会　*203*

は，もう少し深く言えば，父親との関係とか，あるのかもしれないけど，そこまではちょっと，面接でもないし，出てこなかったし，書いてないですけど。

北村：エディプス葛藤？

加藤：エディプス葛藤ってふうに，いえるかどうか。でもまあ，そうですよね，テーマはね。この人，お父さんとの関係については何も言わないんですけどね，本人はね。ほとんどお父さんは，ちゃんと，黙って，やってくれてます！　みたいな形になってるんだけど，あるんじゃないかな。

吉村：そこが面白いですよね。本人は語っていないんだけど，テストから見ると，そういうのが推察されるっていうのが，書けるんですよね，書こうと思えば。

北村：すごい。検査でいろんなことが見えますね。

加藤：やっぱり検査って面白いと思いますよね，そういうところでは。面接を何回かしなければ見えないことも，本人が語ってくるテーマとか，そのテーマの取り扱い方とかで，見えてきますもんね。そこが自我機能^{注13）}？　その人の自我の機能の特徴って言えるんじゃないでしょうかね。だから，ロールシャッハって結構面白いと思うわ。

ロールシャッハを通して事例を理解する

吉村：前の本もそうなんだけど，結局，先生のまとめた所見はロールシャッハ法を使って書いている所見で。なんて言ったらいいんだろう，ロールシャッハ法を使って，精神分析的理解を使って，でもその人について書くということ。うまく言えないんだけど，「ロールシャッハについて書く」って言う感じじゃないような感じがするんですけど。うん。

池島：その人らしさを描写する。

吉村：そうそう，いかにその人らしさを描写するかっていうところで，ロールシャッハ法の記号や，反応を使って書いているのであって，だから

注13）自我機能の概要については，前著および本書にも，レクチャーの章を中心に記載があります。あわせてご参照ください。

あのロールシャッハの解釈仮説が頭に入っているのはもちろんだし，分析的な概念が自分のものになっているのももちろんだし，それを使いながら書いているって感じですよね。

北村：そう言う意味では，最初の「テスト態度」のところがすごい重要だって言うことになりますね。

吉村：そうそう，そんな気がする。

北村：先生が，その人と会って感じているところ，この人とやりとりして感じているところっていうのがすごくベースにあって，そこからスコアも見て，プロトコルも見て，所見になっているっていう感じなんですね。なるほど，少しわかってきました。

加藤：それはね，もしかすると，精神科医が精神科医としてトレーニングを受けて精神科医になっていかれる時にいろんなこと学ばれて，で，患者に会った時に，短い診察の時間であっても学んだことがみんな集約して，ちょっとしたやり取りの中で理解するわけじゃない。そういうのと似てるわよね。

池島：入ってきた様子から。

加藤：もちろん。でもそれは，病院でのこと，病気の時ばかりでなくたって，普段の生活だってそうだよね。いろんな学校の中の様子だってそうだし。

北村：とすると，やっぱり，ロールシャッハだけ勉強してても，全然ダメってことですね。

加藤：ロールシャッハの記号を何回見たって，ダメだと思うなあ。

一同：（笑）

池島：大変！　今，みんなが絶望的な気持ちに。

吉村：この本読んでる人が，「あああ…」って。

加藤：それは言わない事にします（笑）。

吉村：いや，まあ，ロールシャッハ法の勉強は必要だけれども，それだけではダメだっていうことですよね。

池島：それだけでは人を描写するには足りない。

松田：なんかやっぱり，彩りがある感じがします。臨床的っていうか，この所見に。

北村：だから先生の所見は，すごく面白いですよね。

松田：面白いですよね。すごく鮮やかにわかってくる感じ。

加藤：いや，皆さんだってそれぞれ，なさっているから。

吉村：先生の所見は，先生の面接が想像できる気がするんですよ。先生の，
こう，先生を通したクライエント理解があって，それがすごく生きてい
るので，本当にそういうクライエントなんだろうな，って思うんですけ
ど。それって一般性，客観性なんですけど，でもなぜか先生の面接が想
像できるんですよ，なんとなく。私の妄想かもしれないですけれど。そ
れがやっぱり魅力なんですよね。あのー，たとえば包括システムはすご
く体系的に作られていて，こういう数値の時にはこういう解釈ですって
いうのがかなり深い内容まで解釈が用意されていて，相当なところまで
わかるんですけど。でもあの，所見を，あれでびっちり描かれた所見
を見ても，私の場合は，なのかもしれないけれど，その所見を書いた人
の面接は想像できないことが少なくないんです。まあ，優れた所見だな，
クライエントのことがよくわかるな，って思うんですけど，やっぱり違
うんですよね。でも，たとえば，同じ包括システムでも，Ｄ先生の所見
を見たことはないけど，Ｄ先生の解釈を聞くと面接が見えるんですよね。
ロールシャッハの記号だけでなく，ロールシャッハの反応だけでなく，
その人が感じた何か，感じたものっていうのが解釈や所見に入っている
からだと思うんですけど。それがねえ，あの，身につけたいなあ，と思
いながら，「皆さんできるわよ」っていう先生の言葉をずっと聞き続け
ている気がするんですけど，いつになったらそこまでたどりつけるのか。

加藤：皆さんの結果の報告書も，だんだんそうなってきているんじゃない
ですかね。

北村：いや…。

加藤先生の所見に惹かれる

吉村：たとえば，具体的なところで，すごく，いいなっていうか，私が
こう書けるようになるといいなと思ったのが，所見の二つ目の項目の，

「この人が優位性を保とうとする」っていうのが本当にそうなんですよね。価値下げをするっていうのも本当にそうなんですけど、「この人が取りやすい距離は自分から闘争を仕掛けない」っていう、こういう一言を書かれると、その通りなんです。「自分から闘争を仕掛けない」って入れられるようになりたいなあと思って。

北村：うんうん。こういうのって確かに、ロールシャッハのスコアとかデータからは見えにくいですよね。

吉村：見えにくいですね。ロールシャッハ法のデータからは、なかなか見えないんじゃないかなぁ。価値下げして、あいつダメだとか、こんなのダメだとか、そういう特徴は見えやすいんだけど、というか見えるようになりたかったりなってほしかったりするのだけど、そこからさらに、「自分からは仕掛けない」と書かれているところに、この人の抑制の雰囲気も含まれているし、それから何か、こう、もしかしたら挑発するようなふりも入っているのかもしれないし、とか、いろいろ背後に含ませた表現として、すごくこの人らしい、この人を捉えるような表現としてすごくいいなと思ったんです。私はここって思ったんです。私はここが好きで。

松田：私も好きなところ言っていいですか。私は、所見の一番初めのところの、あの、表面的な対応としては控えめだけれども、内容にはさまざまな気持ちが含まれている、っていうところが、私もこういうふうに描きたいな、って思いました。なんていうんでしょう、誰もがこの文章を見て、患者さんであろうと、お医者さんであろうと、わかるじゃないですか。すごい簡単な言葉で、難しい言葉を使わなくても、すごくこの人らしさが分かるんで、なんかこんなふうに所見書きたいなあと思いました。

北村：「反応数は少ないが、内的には活発である」って書いたら、全然違う感じがするもんね。

松田：うんうん、うんうん。

池島：書いてあることは近いんだけどね。反応数が少ないってことと、彼の態度っていうのも全部踏まえた上で、全部この言葉につながっているわけで。

松田：言葉のチョイスがやっぱり。

池島：熟練のなせる技ですね。

北村：ただ項目分けにすればいい，というわけではないんですね。

吉村：そうそう。百歩譲って，一万歩くらい譲って，同じ項目に分けられるとして，これを書けるかっていうとまた違う問題なんですよね。

池島：人によって項目って違うしね。

加藤：うん，でも皆さんそれぞれやってらっしゃると思うけどな。

吉村：それなりにやるんですけどね。それなりなんですよね（笑）。

松田：私だったら，表現が貧困とか書いちゃいます。

池島：11しか出さない時点で，貧困か防衛的か，ちょっとまず想定するじゃないですか，なんで11だけなのかなって。でもなんで11なのかなって思った先に，反応の仕方とか，出てきた反応とか，スコアリングが乗っかってくるから，この人らしさにつながる。

北村：「抑えることで，自分の安定を保とうとしている」っていうあたりですかね。

吉村：そうそう，そうですよね。

北村：そうだったのかって。

吉村：あちこち短い言葉の中に，すごく大事な理解が含まれているんです。そういうことがサラッと書いてある。でも，先生は，あんまり意識しないでやっているみたいなんですね。

加藤：ごめんなさい（笑）。

吉村：それを私たちは身につけたいな，と。

池島：そこをつなげていけるようになりたいです。

加藤：皆さんだってきっとやっていると思う。

吉村：それと関連して，ずっと気になっているのが，気になっているというか，いいなって思っているのが，先生，よく「伝わる」っておっしゃるんですよ。日頃からそうなんですけど，「それぞれの気持ちをこらえてるのが伝わる」って，向こうから勝手にやってくるって話なんですよね。私たちは拾いにいかないとなかなか見つけられなくて，拾いに行ってもなかなか見つけられないみたいな感じなんですけど。A先生もよ

く，「だってそういうふうに読めるじゃない」みたいなことよく言うんですよね。

加藤：おっしゃる通りです。

吉村：「だってそうなってるじゃないの，なんでわからないの？」

加藤：先生にはわかるのよね（笑）。

吉村：伝わるっていうのが一つの境地なのですよね。

池島：伝わってくる。もしくはそうとしか見えない。

吉村：そう，大事なところが，ひとりでに浮かび上がってくる。

池島：いいなあ。

「検査を見る」と「検査を通して見る」

北村：加藤先生の所見は，心理検査を見てるんじゃなくて，心理検査を通して人を見ている，という感じがしますね。

一同：うんうん，そうそう。

加藤：それは心がけています。だって，数字だけたくさん書いてね，数字に対する仮説があってね，それだけ書いても，それじゃやっぱりその人のこと，依頼した主治医に伝えられないじゃない。自分が感じた感覚をなるべくテストの資料の枠組みでお伝えするのが仕事なのかな，なるべくそう心がけるんですけどね。

吉村：それは何度強調してもしすぎることはないですよね。つい，小手先のことをやってしまうから。

加藤：いやあ，みんなちゃんとやっているんじゃないかな。

松田：甘いです。先生（笑）。まだまだです。

北村：まだまだご指導いただきたいです。

池島：まだまだ未熟者ですから。いつまでも教えられているつもりです。

加藤：あ，それは，いつまでも教えられているつもりなんですか，と言われて，私は変わりましたね。

経験年数と所見

松田：先生は，このケースは，ロールシャッハ取るようになってから何年目ぐらいのケースなんですか。

加藤：…10年目。

池島：初学者も10年経てば書けるかもしれない。

吉村：それは，すでに10年経った人たちが読んでて，絶望するかもしれない。自分たちも，こうして喋りながら，10年の頃どうだったかな，と。

松田：10年の間は，ロールシャッハをとる機会が何度もあられたんですか。

加藤：入局してすぐ，週に2ケースずつ取るのがノルマだったんですね。私たち8人のメンバーで入局させていただいたんですけど。みんなが外来行って，週に2ケースずつ取ってましたね。

松田：週に2ケースロールシャッハ…。

吉村：取るだけじゃないんだもんね，所見をまとめるんだもんね。所見を書いて提出する…。

北村：A先生も，外勤先で，午前に一本，午後に一本とって，2本所見を書いて帰ったって聞いたことがあります。

池島：帰りに所見，書いて帰って来ていたって。

吉村：その日に書くの？

北村：そうそう。

池島：その日にとって所見書き終わって帰ってくるらしい。

加藤：先生は，もう，とりながらわかるから。

池島：とりながらわかるって，ちょっと意味わかんなかったけど。

加藤：外来でそういうふうに週に2ケースずつ取って，で報告しなきゃいけない。1週間後には報告しなきゃいけない。

北村：1週間後…。

加藤：で，先輩たちに指導を受けながら，「情緒不安定になる」とか書くじゃない，出して持っていくじゃない。そうすると外来の検査結果のファイルがあってそこに挟まなきゃいけないわけね。その時にこっそり先生方の，先輩方の検査結果を読むのよ。そうするとやっぱりA先生のな

んか素晴らしいのね。一年生の私でも感動しましたね。とてもわかりやすくてね。そうでないとね，情緒刺激が強まると不安定になるとか書いたりしてね（笑）。

池島：「当たり前だあ」って言われるやつですね。

吉村：情緒刺激が入って不安定にならない人がどこにいるんだ，って言われるやつですね。

加藤：そういう所見を書いてましたね（笑）。

人のまとめた所見を読む

松田：他の所見を見るってすごい勉強になりますよね。

加藤：そう。私，あれを絶対勉強の過程に入れた方がいいと思う。皆さんもそう思いますよね。

池島：そう。だからこの本読んでほしいですね。貴重ですから。やっぱり一人職場で働いている人多いし，私の勤めていた前の病院みたいに心理が５人も６人もいて，データが何十年分も残ってて，いつだってそれが見放題みたいな病院ばっかりじゃないじゃないですか。一人職場で，ひたすら取っていくしかない。ってなったら，他人の所見ってなかなか貴重ですよね。

松田：しかも，都内とかだと結構スーパーバイズとかの機会もあると思うんですけど，地方にいらっしゃったりすると，なかなかスーパーバイズとかも受けられる機会も少ないでしょうし。なんかやっぱり貴重な経験ですよね。

吉村：事実として経験が必要。読ませてもらうということも含めて，やっぱり経験ですよね。

池島：みる，真似る，学ぶ（笑）。

松田：先輩の所見を見て，このフレーズいいなと思ったり。

池島：そうそう，表現方法はね。学んだりしますね。こう表現したらいいんだとか，言い回しは結構覚えますよね。何度かスーパービジョンしてもらうと，ああ，そう言えばいいんだとか。そのまま書こうとか思って。

北村：書いてたね，スーパーバイザーの言ったこと。

池島：そうなの（笑）。書いた。

吉村：若い時あるあるだね。みんなそういう時を経るんだね。

池島：絶対経るでしょう。

吉村：最初はそうやって。

池島：「先生，そこのところ，もっと詳しく」，みたいな。

北村：「もう一回言って…」って。

吉村：頭の中にワープロ入ってるみたいなものかな，当時は，一生懸命書き取っていくのよね。まずはそこから。それで終わっちゃ困るけど。

池島：でも，そこで引き出しは増えていくよね。表現方法とか。学ぶ，真似るから。

松田：10年くらいっていうのは，ちょっと驚愕でした。先生のこの所見が。

吉村：本にするにあたって表現はちょっと変えていただきましたけど，中身はほとんど変えていないので。ほぼこれが，先生の当時の所見です。

加藤：あと，病態をしっかり決めて報告しないと意味がないと思うから，病態の書き方，表現の仕方っていうのはすごく気を遣いましたね。単純に神経症水準でこういう葛藤があるっていうだけじゃないし，低下があるって言った時に，その低下の仕方がどのくらいか，ってことも言えるだけのことも言っておかないといけないし，難しいなと思うのよね。

池島：確かに，低下があるとしたら，どういう時にどんなふうに出てきて，どんな状態になるかって，やっぱり，その人の日常生活にすごくつながりますよね。日常を支えている主治医も知りたいところだろうし。なんだったら，患者さん本人にフィードバックする時にはそこも伝えてあげた方がいい時もありますしね。あの，伝えられる時は伝えるし。ちょっとセンシティブすぎて伝えらない時もあるけど。

事例Kの再検査について

加藤：はっきりは覚えていないんだけども，彼は3年後にもう一度テストとってるんですよね。この時は無職の状態で，就職していなかったか待

機期間中で。３年度ほど経って，その就職が安定してきて，自分から検査受けたいって言って来たんですけどね。

一同：ふーん。

加藤：でも，中身はほとんど変わらなかった（笑）。反応数も少なくて相変わらずで。でもまあ少し，社会適応が良くなっているんだけれど。この検査が終わった時の感想でね，とてもこの検査を受けていることを脱価値化したような文句を言って帰られたんですよね。

北村：彼らしいですね。

加藤：これは，主治医から「転院もしたし，受けなさい」と提案があって受けたんだけれども，「こんなこと」って文句を言ってお帰りになったんだけども，三年経って，自分の希望の仕事が続いているところで，もう一回検査受けたいって言って自分からやってきた。だけど，中身はあんまり変わっていない。

北村：やっぱり二回目のときの姿勢もこういう感じなんですか。

加藤：もう少し積極性はありましたね。だけど，反応数もそんなに変わらないし。ただ，もうちょっと depressive って言いますかね，こうなったらちょっと困るかなあとか，そういうフレーズが少し入ってますね。

池島：depressive にちょっと近寄れるようになっていたんですね。

北村：三年経って，どうして検査を受けたいと思ったんでしょう。

加藤：自分で，長年やりたいと思っていた職種につけたし，満足してたんじゃないですかね。ある意味で。

北村：この時の検査にはちょっと不全感があって，三年経って，ちょっと自分は落ち着いたよっていうので，検査を希望されたんでしょうかね。

加藤：あ，そうかもしれないわね。一回目は，帰る時にちょっと文句言っていたからね。

満山：こんなテストして何がわかるんだって。

池島：今の俺は本当の俺じゃない，みたいな。

北村：ずっと気になっていたってことなんですね。

加藤：そうなの，だから気にするこの人がいるんですよね。

池島：本当に脱価値化していらなくなったり，切り捨てて，忘れちゃうわ

けじゃないんですね。気にしている。

北村：主治医から何かフィードバックを聞いて，「ん？　あの検査でこんな
　　　こともわかるのか」とか思ったんですかね。思ってほしいですけど（笑）。

加藤：そんなことはないと思うけど（笑）。ちょっと曖昧ですみません。

臨床に役立つ所見をまとめるために

北村：先生が所見を書くときは，見出しの大枠は決まってて，一気に書か
　　　れるんですか？

加藤：きっとそうね，自分の中ではあるかもしれない。でも，一応，一番
　　　外側の特徴，それから心理的な特徴の中で一番メインになるもの，それ
　　　からそれが反応の中でどんなふうに現れて，どんなふうに表現されてい
　　　るか。ってこと書いて，で最後が病態，っていう感じですかね。概ね。

池島：それは枠組みとして使えますよね。この人に限らず。

加藤：うん，そうそうそう。

池島：初学者さんに，特に役に立つ情報ですね。

北村：ある程度経験のある人にとっても，まとめるときに自分なりのパタ
　　　ーンがあるから，どうしたら読みやすくできるか，わかりやすくできる
　　　か，そういうこと考えた時に，自分で感じていることとか，逆転移とか，
　　　この人こんな人だなあという感覚を元に，この人こんな人ですよってい
　　　うのを，もっと語るように書いていたらいいんですかね？

加藤：主治医はそれが知りたいんでしょうね。

北村：むしろ私たちぐらいになってから，それができるように頑張るって
　　　ことなんじゃないかしら，って思いますね。

吉村：それができるようになるには，やっぱり，基本的なところをしっか
　　　りと…。

北村：まずロールシャッハと向きあってもらわないとですね。

吉村：そうそうそう。

池島：頑張っていっぱい取ろうね。

松田：最近，ロールシャッハ・テストのオーダーが出ないんですよね。発

達の検査が多くて。

池島：でも，発達系の検査依頼でも，私のところではロールシャッハを必須にしているから。

吉村：そういうところもあるけれど，ほとんどはそうじゃないよね。WAISとAQぐらいとかしかオーダーが出ない。

加藤：ADHDの検査とか。

池島：パーソナリティも見ておかないと，怖いじゃない。

吉村：そう思うけどね，私たちは。パーソナリティを見ることで，大切な所見がたくさん得られるじゃないですか。知能だけ見ていればいいというものでもないことがある気がするんですよね。

投映法をめぐる現状

松田：なんかロールシャッハを含めて，投映法のオーダーがなかなか出なくなったっていう感覚があります。でも投映法って，やっぱりその人らしさがすごくわかると思うんですけど，発達とか，知的水準の方ばかりに検査のオーダーが出ちゃって，「あー，つまんない」って思うこともあります。投映法で，ロールシャッハも含めてですけど，その人らしさを思い浮かべながら所見を書いて，理解を深め，主治医にも深めてほしいっていうところに，臨床心理士としての矜持があるような気がするんですけど。

吉村：個別性を描き出してくれるし，治療的関わりの糸口がちゃんとわかるし，臨床的に困るような人でも，このケースも主治医の先生が10年関わってこられて，それでもオーダーが出てくる時に，それでも意味のあるお返事ができるところに投映法の良さがあると思うんです。ちょっとビビりますけどね，10年も主治医の先生がみてきた患者さんの所見を書いて，自分が役に立てるのかって思うと。でも，まあそれだけの期待を寄せていただける価値のある検査ですし，そこで答えるのが私たちの仕事だし。

満山：私の臨床現場は，発達の方が一番多いんですけど，それでもまあ人

間関係，今の生活で困っている方には，ロールシャッハのオーダーも出るので，そうすると，やっぱり違うんですよね，一人一人。やっぱり発達の人ならではの見方もあるけれど人間を部分的に見るというのが，どんなふうに部分的に見ちゃうんだろうというのがロールシャッハだと言えたりするので。やっぱり，ロールシャッハを取ったほうが，特にカップルの方とか，職場で困って暴言吐いちゃうような方には，役にたつなあと思いますね。

北村：対人関係で問題がある方にはね。

池島：やっぱり，距離感の問題とか，ロールシャッハではすごく見やすいよね。

再び事例Kの理解について

満山：自我機能水準のところ，所見の最初のページの「自覚的にはやや安定していると推測される」って書かれてますよね。

加藤：あ，この状態では偏りはあるにしても，本人なりには落ち着いている，という感じじゃないですかね。ボーダーラインっていうといろいろ水準があるから，いろいろ連想してしまうけれども。まとまっている。どうでしょうかね。

満山：はい。今の状態は落ち着いている。

加藤：最後に，ここで突然，自己愛って出てきちゃうけれども，つながるかしらね。

吉村：この前のことは全体的に自己愛のことなので，それこそ力動的な理解があれば，つながるんじゃないでしょうか。検査態度のところから自己愛の話をしているわけですし。

北村：主訴は自己臭なんですね。

加藤：そうです。自己臭については何も書いてませんでしたね。一番最初は自己臭で学校いけないとか，休んじゃうとか，学校やめちゃうとか，変わっちゃうとか，浪人したりとか，いろいろあったんですよね。大学も行ったけれども，まだ，時々精神病院に入院したりしながらだったら

しいんです。SCT では書いてなかったですね。

北村：この時点では，自己臭は問題になっていなかったんですね。最初の時だけだったんですね。

加藤：それは，高校生の時ね。

北村：変化しているんですね。

加藤：そうそう。神経症水準のものだろうというふうに，主治医は考えてらしたんですね。

満山：加藤先生は少し違うんですか。

加藤：パーソナリティの問題だと思うんですけども。でも，彼これだけ言ってくれるから，パーソナリティについて，こうだよって言えるんですよね。

吉村：よく喋ってくれていますね。

池島：それだけ豊かですよね。

加藤：とりあえず，IQ は 120 近くあるから，大学も卒業したし。就職もできたし。

池島：同じ R=11 の貧困なものとは全く違う。

臨床経験を重ねる

吉村：そういう違いがわかるようになるためには，経験ということが。そういうことばかり言うのは良くないのかもしれないけど，やっぱり経験っていうのは大事ですね。

池島：そうそう。自分の宝物になるから。

加藤：臨床の仕事って難しいけど，経験積めば積むほど，力がつくから面白いわね。

吉村：今日のこの話ですごく印象に残っているのが，ロールシャッハ法の約束事っていう，科学的な方向ですよね。こういう記号でこういう結果ならこういう所見が得られるんだっていうのを大事にしましょう，それを初期のうちは特にしっかり学びましょうっていう，ことなんだけど。で，それをベースにして，検査を使ってその人を見るっていう，そちら

の方にだんだん向かっていくっていうのが，いい話だなって。というか
大事な話だなと思って。それを身につけるためには，ロールシャッハ
法を学ぶことも大事なんだけれども，面接を学ぶのと同じような感じで，
臨床感覚をちゃんと身につけようね，相手から伝わるものに，私たちは，
自分を開けるようになりましょうね，というそんな話ですよね。でもそ
れは，こうやって言葉にすると「そうだよね」で終わりそうな話，みん
なが「それはそうだな」って思うような話だと思うんだけど。でも実際
のところが難しいわけだから。みんな，だから，そこに向かって頑張ろ
うみたいにしかしようがないところがあって。でも目標点とかそう言っ
たところがわかると，向かう先が具体化されて私たちの学びの支えにな
るのかな，っていう気はするんですけどね。

池島：頑張っていっぱい検査をとっていることは無駄じゃないよって。

吉村：そう。なかなか，こう，所見書いてると，腐りたくなるんだけれど
　　も。時間がないとか，これじゃだめなんじゃないかとか。

池島：初学者の頃はね，言い足りてないとかね。怒られたりとかね。

吉村：怒ってくれる先輩がいるのは大事なことだけど。

北村：加藤先生，お話ししてみて，いかがでしょう。何かもう少しお話し
　　されたいこととかありませんか？

加藤：理解の進んでいる若い人たちとお話しすると面白いなあと思って。
　　私が言い足りないところもちゃんと言語化してくれていいなあと思って
　　伺いました。

吉村：いろいろな方向に話が向かったわけですけど，これからの目標，み
　　んなで頑張ろうみたいなことでまとまったところもあるので，今日はこ
　　れくらいで終わりにしましょう。加藤先生，皆さん，ありがとうござい
　　ました。

一同：ありがとうございました！

もっと知りたい！🔍

Question: 本人用所見は，主治医向け所見とは別に作る必要があるのでしょうか？

Answer：

　臨床機関によっては，本人用所見を別に作ってほしいと依頼されることがあります。検査結果のフィードバックは主治医がすることに決まっている（したがって本人用所見の提出はもとめられない）職場もあります。

　心理検査は被検者（クライエント）に資するために実施されるものです。この「資する」ということについて具体的に考えていくと，被検者本人が活用できる範囲のものを伝えることが重要になります。ロールシャッハ法の結果には，本人の自覚にない内容が含まれるため，フィードバックの内容と伝え方には高度に臨床的な配慮が必要です。このとき，本人の自尊感情を脅かさないような内容と書き方が必要になります。自分自身の中に本人が気づいていない部分がある背後には，それなりの心理的な理由があることを理解し，この点を十分に尊重した関わりが必要だからです。このとき，フィードバック内容の選別のために，本人の自己イメージについての情報があると有益でしょう。たとえば SCT は，非常に参考になります。

　また，たとえ主治医用所見であっても，万一，本人が目にしたときのことを考えてまとめることも必要かもしれません（カルテ開示請求と同じように，検査結果の開示を求められれば，私たちもこれに従う必要があります）。臨床機関によっては，病態水準などの情報は本人にとってインパクトが大きいと予想されるために，所見にはまとめず，別途，口頭などで依頼医に伝えるところもあります。日頃から，医師との連携を十分につくっておくことが大切です。

文　献

馬場禮子　1990　ロールシャッハ・テストと精神分析療法. 岩崎徹也編　治療構造論. 岩崎学術出版社, pp.279-290.

馬場禮子（編著）2017　力動的心理査定——ロールシャッハ法の継起分析を中心に. 岩崎学術出版社.

Beck, S. J.　1944　*Rorschach's Test. I: Basic Processes*. Grune & Stratton.

Bornstein, R. F.　2006　Toward a process-based framework for classifying personality tests: Comment on Meyer and Kurtz (2006). *Journal of Personality Assessment*, **89**, 202-207.

ダニエル・キイス（著）　小尾芙佐（訳）　1989　アルジャーノンに花束を. 早川書房.

Exner, J. E.　2003　*The Rorschach: A Comprehensive System. Vol.1. 4th ed.* Wiley. 中村紀子・野田昌道監訳　ロールシャッハ・テスト——包括システムの基礎と解釈の原理. 金剛出版, 2009.

Exner, J. E. & Weiner, I. B.　1995　*The Rorschach: A Comprehensive System. Vol.3: Assessment of Children and Adolescents. 2nd ed.* Wiley.

Hemmendinger, L.　1953　Perceptual organization and development as reflected in the structure of Rorschach Test responses. *Journal of Projective Techniques*, **17**, 162-170.

深津千賀子　2007　精神科診療のための心理検査. 精神神経学雑誌 109, 282-287.

片口安史　1987　改訂 新・心理新診断法. 金子書房.

加藤志ほ子・吉村聡（編著）　2016　ロールシャッハテストの所見の書き方——臨床の要請にこたえるために. 岩崎学術出版社.

Kleiger, J. H.　1999　*Disordered thinking and the Rorschach: Theory, research, and differential diagnosis.* Analytic Press. 馬場禮子監訳　思考活動の障害とロールシャッハ法——理論・研究・鑑別診断の実際. 創元社, 2010.

北村麻紀子　2018　心理テストにおける治療構造の読み方——ロールシャッハを中心に. 臨床心理学 18-3, 279-283.

松本真理子　2003　子どものロールシャッハ法に関する研究——新たな意義の構築に向けて. 風間書房.

Meli-Dworetzki, G.　1956　The development of perception in the Rorschach. In Klopfer, B. et al. *Developments in the Rorschach Technique. II.* World

Book, pp.104-176.

餅田彰子・吉田直子・加藤志ほ子・溝口純子　1990　構造論からみた投影法. 岩崎徹也編　治療構造論. 岩崎学術出版社, pp.291-305.

中村紀子　2016　ロールシャッハ・テスト講義Ⅱ（解釈篇）　金剛出版.

西川正行　2024　馬場法とグループ・スーパービジョン. 馬場禮子先生を偲ぶ会　シンポジウム「ロールシャッハ法と精神分析的心理臨床」　2024年2月23日　明治記念館.

小此木啓吾・馬場禮子　1989　新版精神力動論——ロールシャッハ解釈と自我心理学の統合. 金子書房.

小沢牧子　1970　子どものロールシャッハ反応. 日本文化科学社.

Rapaport, D. Schafer, R., Gill, M. M.　1945/1946　*Diagnostic Psychological Testing. Vol.1 & 2.* Yearbook.

丹野義彦　2000　実証にもとづく臨床心理学と心理アセスメント——精神症状のアセスメントの最近の進歩. 認知神経科学 2, 158-163.

津川律子　2015　検査結果のフィードバックに関する考え方. 高橋依子・津川律子（編）　臨床心理検査バッテリーの実際. 遠見書房, p.199-209.

辻悟　1997　ロールシャッハ検査法——形式・構造解析に基づく解釈の理論と実際. 金子書房.

Weiner, I. B.　1966　*Psychodiagnosis in Schizophrenia.* Wiley.　秋谷たつ子・松島淑恵訳　精神分裂病の心理学. 医学書院, 1973.

あとがき

　監修者まえがきにあるように，本書は，加藤・吉村（編著）『ロールシャッハテストの所見の書き方──臨床の要請にこたえるために』（岩崎学術出版社，2016 年）の続編としてまとめられました。ありがたいことに，前著の出版直後から，続編を望む声を多数いただきました。もっとたくさんの事例で学びたいというご意見が，多く寄せられましたが，さらに私たちの目をひいたのが，「解釈と所見の間の溝をどのように埋めたらいいかが分からない」というご指摘でした。心理検査を用いてある程度の理解が得られても，膨大な解釈結果の何をどのようにして選び，まとめあげればいいのかが分かりにくいというご意見は，もっともなものでした。本書は，こうしたご意見とご要望にこたえようとして，まとめられています。

＊

　本書の完成が間近に迫った頃，貴重な研究報告にふれる機会がありました。厚生労働科学研究費補助金（障害者政策総合研究事業）に基づく令和 5 年度の総括・分担研究報告書で，「医療機関における心理検査の実施実態と活用可能性に関する研究」（研究代表者＝松田修先生）です。本書と関係の深い内容なので，紙幅をさいてご紹介したいと思います。

　ここには，国内医療機関における心理検査利用に関するデータが豊富に報告されています。検査ごとの実施件数，検査実施時間や処理時間に関する統計，フィードバックに関する情報等です。なかでも，心理検査やサイコロジストに対する医師の生の声が多数紹介されているところに注目されます（調査対象＝医師 262 名）。

　厳しいご意見もあります。「検査データから，物を言いすぎ。現代の精神医学体系と乖離している検査も多く，従来からの検査は，臨床上，役立たなくなっている」「（成人期精神疾患の診療での心理検査の活用につい

て）ごく稀に必要になるという程度」などです。

　一方で，大多数は，心理検査と所見を頼りにしていただいているという声でした。「精神科医ではわからないことを助言してもらえるので大変助けられている」「（検査が）精神科においてますます必要となると思われる」というご意見がありました。そればかりか「心理士と合同で研修するなど，心理検査に対する知識を底上げする機会を積極的に持ちたい」「心理検査について，医師ももっと理解が必要である」などもあって，驚きました。

　サイコロジストを協働作業の専門家として認めてくださっている声は，大変にありがたいものです。そして同時に，私たちサイコロジストが，自分たちの専門性を十分に発揮できているのか，医師の仕事や専門をどれほど学べているのかと，我が身を振り返って襟を正す心持ちにもなりました。

＊　　＊

　検査所見をまとめるという作業は，煩わしくて骨の折れる，そして苦しいものです。間違いなく高度に専門的な仕事ですが，同時に，心理臨床家に広く求められる基本業務でもあります。先達の臨床家たちが，「検査に臨む者が，等しく，適切で十分な所見を提出できるように」と願って，ロールシャッハ体系や解釈方法を洗練させてきました。しかし同時に，私たちは「臨床家の力量によって，所見には厳然たる違いがある」という事実も，よく知っています。できるのは，自分の臨床を続けながら学ぶことでしかありません。

　心理検査の基本は対象者を理解することにあり，相手に伝わるように，依頼者の求めに応じるように，この理解をまとめることにあります。本書を執筆する中で，私は，この事実に何度も立ち戻ることになりました。「臨床の要請にこたえる」というフレーズは前著から引き継がれたキーワードであり，加藤先生から学んだ大切な臨床姿勢です。でも，何をどうすれば「臨床の要請にこたえる」ことになるのでしょうか。答えは簡単ではありません。臨床家の立場によっても，その答えは変わるかもしれません。

私の立場から考えてみます。精神分析は，理解を重んじる営みです。理解がすべてと言ってもいいかもしれません。対象者を「変化させよう」とはしません。ひたすら相手を知ろうとし，被分析者とともにいるときの自分自身を振り返り続けます。言ってみれば，ただそれだけです。

そしてこれは，ロールシャッハ法をはじめとした心理検査の活用にも通底しています。被検者の病理も健康なところも記述することが必要です。被検者が臨床的関与を活かすことが難しい人であるなら，それがどのような理由でどのように難しいと考えられるのかについて記述することが求められていると考えています。臨床上の要請が先にあるのであって，検査解釈のマニュアルが先にあるわけではないのです。そして私にとっては，ここで手にした理解を使って治療的に働きかけるかどうかは，別次元です。

でも，この「理解」を基本に据えた所見作成は（つまり理解を基本に据える本書は），私と同じように，検査結果を理解のための方法の一つとして使う人にも，検査結果を治療的に活用したい人にも，広くご活用いただけるのではないか，と思っています。

なぜなら，援助の根底には，いつも，理解があるからです。

＊　　＊　　＊

加藤先生の所見にもう一度触れ，そしてこの所見と加藤先生を囲んでメンバーで話し合う時間（第Ⅲ部）も，大変に豊かなものになりました。

加藤先生の所見には圧倒的な説得力があり，生きたクライエント像が描かれています。この所見を読む者に「何か」をもたらし，心に刺さるところがあります。加藤先生のような所見が，深い事例理解なくしてありえないことは言うまでもありません。しかしそれだけではないように思います。先生の所見は，被検者の姿を的確にとらえていながら，同時に，間違いなく加藤先生の所見でした。この点に，私を含めた座談会参加者は惹かれていたのではないか，と感じています。

思い返せば，私たちのグループでご一緒させていただく加藤先生は，いつも率直です。穏やかな先生から，ときおり，「この事例をみていると，

私，カウンターが抑えられないのよ」という言葉を聞くことがあります（普段，柔和で穏やかなので，余計に印象が残るのかもしれません）。ここでいう「カウンター」とは，被検者に向けて生じる陰性感情です。

　また，座談会でも話題になりましたが，所見に見える先生の臨床力は，「検査態度」をはじめとした検査時の被検者の観察とその描写にも認められます。先生がさらっと書かれる文章には，検査時に観察された様子が客観性を損なわないような形で記述されながらも，同時に先生の解釈が含まれています。被検者のどこにどのように注目してどのように記述するのかという点に，臨床の技芸が含まれるのですが，この「目のつけどころ」「観察と解釈とのバランス」が，加藤先生ならではのものであると思います。こういう仕事は，臨床家がこころを使いながら所見をまとめようとしない限り，果たせない気がします。

　グループでの先生と検査所見を通して見える先生は，生き生きとして魅力的です。本書第Ⅲ部を通して，先生のそんな姿の一端を感じていただけるなら，私たちもうれしく思います。

　ロールシャッハ法は可能性に満ちた心理検査です。世界には，この検査に魅入られた臨床の仲間が大勢います。この本を手に取られた読者がこの検査の意味を知り，世界中にいる私たちの仲間とともにこの検査の面白さを感じ，そして明日からの臨床の力を得られることを願ってやみません。

＊　＊　＊　＊

　一つの仕事を終えるまでに，大勢の皆様に支えていただいていることを感じることが少なくありません。本書もまた例外ではありません。

　まず，本書にご登場いただいた被検者とご家族の皆様に，心よりお礼申し上げます。第5章で所見をご提出いただいた立河さんにも，お礼申し上げます。立河さんの所見とその後の議論は，本書の大きな力になりました。

　これ以外にも，本書は著者一人では，とうてい書ききれないものでした。実際に文章をしたためたのは私（吉村）ですが，全編にわたって，加藤先生のご指導のもとでグループメンバーに目を通していただき，ご意見をも

らいました。実質上，この本は「加藤グループによる著書」と言っても過言ではありません。しかし，当然のことながら，本書に不適切な記載があるとしたら，そのすべての責任は著者である吉村にあります。

　岩崎学術出版社の長谷川純氏に，今回もお世話になりました。この本は、長谷川さんがいてくださったからこそできたものであると思います。この場を借りて，お礼申し上げます。

＊　　＊　　＊　　＊　　＊

　最後に，どうしても触れておかなければならないことがあります。

　本書執筆中に，前著に序文をお寄せいただいた馬場禮子先生がお亡くなりになりました。馬場先生は，加藤志ほ子先生の師であり，私たちも指導を受けた先生であり，さらに，この国の心理臨床の礎を築いてくださった先生でした。唯一無二の存在でした。先生に，この本を手に取っていただけないことが残念でなりません。先生は「あらあら，また書いたのね」と仰りながら，いつものあの微笑みを浮かべて手に取ってくださるでしょうか。今にも先生の声が聞こえるような気がするのに，一向に私の耳に届きません。もう，この先も永遠に届かないのだという事実について，私はよく知っているはずです。でもその事実が「今，新しく気づいたこと」のように何度もわたしに押し寄せてくるような，そんな日々を送っています。

　馬場禮子先生のご霊前に本書を捧げます。

加藤志ほ子先生の傘寿の年に
吉村　　聡

索　引

あ行

アスペクトの転換　　41
遊び　　36, 38, 172
依存　　15, 16, 77, 78, 79, 86, 107, 114,
　　116, 118～120, 136, 139, 144, 154, 159
逸脱言語表現　　24, 38
ウィスコンシンカード分類課題　　20
ウサギ・アヒルの図　　41, 42
内田クレペリン検査　　20
うつ病　　15
エッジング　　63
エディプス葛藤　　203
小此木啓吾　　33, 48, 52

か行

外拡型　　95, 140, 149
解釈戦略　　73, 74, 140
外傷　　23, 31
外的治療構造　　49
カウチ　　33
鍵変数　　73, 140
隔離 isolation　　54
過剰特定　　13
家族等の報告による検査　　20
片口法　　32, 34, 43, 54～56, 58, 60, 62,
　　63, 67, 88～92, 98～111, 113～115,
　　122～128, 131～134, 171, 172, 177～
　　179
葛藤　　28, 79～81, 97, 101, 107, 114, 118
　　～120, 139, 144, 150, 154, 159, 160,
　　211
感情　　5, 10, 16, 27～29, 45, 46, 53, 54,
　　59, 61, 73, 83～85, 95, 97, 98, 100,
　　104, 105, 114, 117～120, 136, 140, 143,

　　149, 150～154, 159, 160, 162, 167, 224
器質性精神病　　36
希死念慮　　14, 55
気分変調症　　62, 63
逆転移　　45, 50, 193, 213
客観的現実　　33, 35～37
境界性パーソナリティ障害　　55, 56
境界例水準　　28, 30, 80
共感　　59, 88, 114
鏡像　　81
強迫防衛　　53～55
距離　　16, 24, 36, 38, 39, 45, 57, 61, 82,
　　97, 102, 104, 109, 114, 118, 137, 180,
　　182, 206, 215
クラスター分析　　67, 70, 72～74, 113,
　　114, 140, 141, 146
継起分析　　19, 20, 33, 34, 52, 53, 67, 70,
　　74, 82, 84, 97, 99, 100, 102, 103, 105～
　　108, 110, 112, 113, 146, 172, 188, 190
経験に基づく検査　　20, 21
形態水準　　88, 93, 95, 96, 110, 115, 145,
　　198
言語性知能　　10, 13, 27
検査者・被検者関係　　44～48, 60, 185,
　　188～192
現実検討能力　　28, 76, 86, 96
現実検討力　　5
原始的否認　　115
原始的防衛機制　　57, 115
構成法　　27, 29, 31
構造一覧表　　70～72, 74, 117, 122, 129,
　　130, 140, 148
構造化された検査　　21, 23, 28～30, 47,
　　51
構造度の緩い検査　　21, 23, 25, 28, 30

合理づけ　109, 183
混交　10, 13

さ行

作話結合　15
自我機能　5, 11, 15, 29, 44, 96, 183, 203, 215
自我心理学　24, 201
刺激帰属検査　26, 27
思考　5, 10〜13, 15, 24, 25, 29, 38, 43, 73, 75, 77, 85, 86, 94, 95, 100, 137, 140
思考活動の障害　29
思考障害　30, 38, 43
自己帰属検査　26, 27
自己顕示願望　119, 120
自己臭　171, 180, 215, 216
自己知覚　73, 74, 79, 80, 82, 87, 114, 140
自己報告式検査　20, 21
自殺指標 S-Con　74
自尊感情／自尊心　47, 79, 82, 87, 98, 113, 119, 218
失声　121, 147
質問紙　4, 20〜23, 26〜28, 31, 51, 165
質問段階　7, 32, 33, 41〜43, 46, 57, 58, 61, 64, 99, 102, 104, 105, 122
自閉スペクトラム症（ASD）　57〜59
自閉的論理　43, 44
主観的現実　36
状況ストレス　73, 75〜77
象徴機能　36
情緒統制　92, 94, 136, 143, 183
承認欲求　120
情報処理　73, 74, 85, 140
神経症水準　28, 30, 80, 115, 120, 139, 142, 211, 216
神経心理学検査　20
診断的理解　3, 16〜18
信頼　4, 15, 53, 113, 165, 166
心理検査バッテリー　19, 24, 29, 31

心理検査の構造　19, 21, 22, 28
心理療法　2, 14, 16, 17, 35, 37, 44, 48 〜50, 61, 69, 115, 116, 120, 121, 135, 139, 141, 142, 147, 163, 167
　──の適用可否　16
スーパービジョン　73, 121, 145, 210
図版／インクブロット　iv, 10, 12, 13, 15, 20, 25, 27, 32, 33, 35〜39, 41, 42, 44, 45, 48, 52, 53, 55, 57〜60, 63, 64, 78, 85, 92, 93, 99〜106, 108〜114, 122, 136, 138, 143, 151, 165, 172〜176, 181, 198
スプリッティング　57, 80, 115
性愛　45, 118
精神病　4, 8〜13, 16, 17, 29, 36, 44, 60, 215
精神病水準　11, 15, 29, 30
精神病的　10〜13, 29
精神分析　iii, 5, 21, 24, 33, 48〜51, 80, 81, 113, 166, 167, 203, 223
摂食障害　68, 116, 120
潜在的体験型　94

た行

体験型　92, 94, 140, 149, 150
体験的距離　38
退行　5, 15, 25, 29, 104
対象関係　46〜48, 182
対処力不全指標 CDI　10, 71〜74, 77, 79, 84, 117, 118, 130, 136, 149
対人関係　iii, 5, 6, 10, 32, 42, 44, 45, 52, 55, 59, 60, 62, 74, 77〜79, 87, 118, 120, 137, 144, 149〜151, 182, 215
対人知覚　73, 74, 77, 78, 86, 140
脱価値化　182, 183, 199, 212
知覚と思考の指標 PTI　15, 71, 72, 74, 117, 130, 135, 148
知性化　55, 136, 137, 139, 154
知能検査　20, 21, 29, 47, 48, 150
中間領域　iv, 35〜37, 39, 42, 44, 45, 48

索　引　*229*

治療関係　　16, 17, 48, 61, 96, 144, 151,
　　155, 156, 161, 163〜165, 167
治療構造論　　iii, 48, 50, 51
治療的アセスメント　　167
治療同盟　　163
津守式乳幼児精神発達検査　　20
適応　　2, 53, 56, 57, 61, 62, 76, 84, 92〜
　　97, 119, 120, 136〜139, 151, 153, 154,
　　197, 198, 212
適応障害　　53, 54
転移　　50, 167
投映法　　iii, 2, 4〜6, 20, 23, 25, 26, 29,
　　31, 33〜36, 40, 59, 145, 165, 188, 214
統合失調症　　9, 29, 30, 38, 63
統制　　73〜77, 92, 94, 95, 136, 140, 143,
　　160, 183

な行

内向型　　76, 77, 94, 95
内省　　26, 27, 79, 82, 119, 139, 142, 152,
　　155, 163, 164
内的治療構造　　49
ナルシシズム　　44, 113
認知的距離　　38

は行

パーソナリティ　　iv, 2, 4, 5, 11, 28, 30,
　　31, 47, 68, 86, 113, 115, 116, 120, 139,
　　142, 145, 146, 151, 156, 189, 214, 216
パーソナリティ検査　　21, 68
媒介過程　　73, 85, 86, 140
バウムテスト　　72
発達障害　　113
馬場法　　32, 34
馬場禮子　　iii, iv, 33, 34, 52, 60, 68, 73,
　　225
ハミルトンうつ病評価尺度 HAM-D
　　20
阪大法　　32, 34
反応時間　　92, 181

反応段階　　32, 33, 41, 42, 44, 63, 100,
　　105, 196
美化　　28, 112
ヒステリー　　10, 11, 28, 113, 115, 120,
　　139, 142, 146, 151
否認　　10, 11, 28, 86, 120
否認美化　　84, 137, 139
描画法　　11, 22, 25〜27
病態水準　　5, 11, 19, 28, 30, 31, 68, 80,
　　115, 116, 120, 141, 145, 171, 185, 218
不安　　5, 23, 25, 28, 30, 46〜48, 52, 53,
　　55, 57, 61, 68, 69, 77, 80, 82, 87, 94〜
　　97, 100, 101, 103, 104, 109, 114, 116,
　　118〜121, 136〜138, 147, 150, 151,
　　164〜167, 183, 209, 210
フィードバック　　5〜7, 16, 85, 120, 167,
　　211, 213, 218, 221
風景構成法　　27, 29, 31
ベック抑うつ質問票 BDI-II　　20

ま行

見立て　　18, 36, 39, 41, 58, 85, 109, 142,
　　143, 186
ミラリング　　81
名大法　　32, 34
妄想性パーソナリティ障害　　15
問題解決課題　　34

や・ら・わ行

抑うつ　　10, 14, 15, 23, 28, 29, 31, 53,
　　62, 74, 95, 113, 117, 195
抑うつ指標 DEPI　　15, 71, 72, 74, 117,
　　130, 135, 136, 148
羅列型　　29
臨床家の評定による検査　　20
連合弛緩　　10, 12, 13
ロールシャッハ状況　　32〜34, 37, 48,
　　51, 53, 59
ロケーションチャート　　7
ワルテッグ　　22

アルファベット

ADHD　20, 214
AQ　214

Basic Scoring Table　90, 93, 132, 178

Conners 3　20

Exner, J. E.　35, 70, 71, 72, 74, 80, 129, 130

MMPI-3　20

PF スタディ　22, 25

Rapaport, D.　iii, 21, 24, 32, 33, 36, 38
Rorschach, H.　24, 32, 68, 135
R-PAS　32, 34

Scoring List　89, 93, 131, 177
SCT　22, 25, 26, 28, 30, 31, 194, 216, 218
Summary Scoring Table　89, 91, 92, 93, 133, 179

TAT　22, 25
TEG-3　20

WAIS　10, 13, 20, 29, 30, 47, 214
Wittgenstein, L.　41

監修者略歴

加藤志ほ子（かとう　しほこ）

1944年　東京に生まれる
1966年　日本女子大学家政学部児童学科卒業
1966年　慶応義塾大学医学部精神神経科入局
1978年　東京都済生会中央病院精神神経科
1985年　北山医院（現・北山研究所／南青山心理相談室）
2011年　帝京大学文学部教授
現　職　南青山心理相談室，フィールファインクリニック，臨床心理士
著　書　境界例—ロールシャッハテストと心理療法（分担執筆，岩崎学術出版社），精神分裂病の臨床と本質（分担執筆，金剛出版），治療構造論（分担執筆，岩崎学術出版社），心理アセスメントハンドブック（分担執筆，西村書店），私はなぜカウンセラーになったのか（分担執筆，創元社），心理査定実践ハンドブック（分担執筆，創元社），日常臨床語辞典（分担執筆，誠信書房），ロールシャッハテストの所見の書き方（共編著，岩崎学術出版社）
訳　書　思考活動の障害とロールシャッハ法（馬場禮子監訳，創元社），ロールシャッハ法による精神病現象の査定（馬場禮子・吉村聡監訳，創元社）

著者略歴

吉村　聡（よしむら　さとし）

1973年　大阪に生まれる
2001年　早稲田大学文学研究科博士後期課程単位取得退学
2003年　博士（文学）
2000年　早稲田大学理工学部複合領域コース助手
2002年　東北大学教育学研究科講師
2006年　上智大学総合人間科学部講師
現　職　上智大学総合人間科学部教授，精神分析家，臨床心理士
著　書　ロールシャッハ・テストにおける適応的退行と芸術的創造性（風間書房），心理検査を支援に繋ぐフィードバック—事例でわかる心理検査の伝え方・活かし方［第2集］（分担執筆，金剛出版），ロールシャッハテストの所見の書き方（共編著，岩崎学術出版社），これからの現場で役立つ臨床心理検査・解説編（分担執筆，金子書房）
訳　書　思考活動の障害とロールシャッハ法（馬場禮子監訳，創元社），ロールシャッハ法による精神病現象の査定（共同監訳，創元社），精神分析のパラダイム・シフト（舘直彦・増尾徳行監訳，金剛出版），ピグル—ある少女の精神分析的治療（妙木浩之監訳，金剛出版），臨床面接のすすめ方（深澤道子監訳，日本評論社）

執筆協力・座談会出席者（五十音順）

池島　静佳（いけじま　しずか）　　銀座メンタルクリニック
北村麻紀子（きたむら　まきこ）　　個人開業
松田　東子（まつだ　もとこ）　　　白峰クリニック／浦和学院高等学校
満山かおる（みつやま　かおる）　　アスファレス心理センター／神経研究所晴和病院

続・ロールシャッハテストの所見の書き方
—臨床的な理解と描写のために—
ISBN978-4-7533-1249-8

監修
加藤志ほ子

著者
吉村　聡

2024年10月23日　第1刷発行

印刷・製本　（株）太平印刷社

発行所　（株）岩崎学術出版社　〒101-0062 東京都千代田区神田駿河台3-6-1
発行者　杉田 啓三
電話 03（5577）6817　FAX 03（5577）6837
©2024　岩崎学術出版社
乱丁・落丁本はおとりかえいたします　検印省略

ロールシャッハテストの所見の書き方
加藤志ほ子・吉村聡編著
臨床の要請にこたえるために

力動的心理査定──ロールシャッハ法の継起分析を中心に
馬場禮子編著
検査の施行から解釈まで，一貫した方法を「馬場法」として集大成

改訂 ロールシャッハ法と精神分析──継起分析入門
馬場禮子著
心理検査を超える可能性を臨床的に蓄積した

精神分析的心理療法の実践──クライエントに出会う前に
馬場禮子著
学派を超えて通用する心理療法の基本とその技術

改訂 精神分析的人格理論の基礎──心理療法を始める前に
馬場禮子著
刊行から8年，好評テキストの待望の改訂版

発達精神病理学からみた精神分析理論
フォナギー／タルジェ著　馬場禮子・青木紀久代監訳
多くの理論を並列し実証性の観点から見直す

事例検討会のすすめ──皆のこころで考える心理療法
中村留貴子・岩倉拓・菊池恭子・北村麻紀子・小尻与志乃編著
意味ある交流を持ちたいと願う心理療法家の臨床感覚の進化を導く

事例で学ぶアセスメントとマネジメント──こころを考える臨床実践
藤山直樹・中村留貴子監修
様々な職場で信頼される心理士になるために

成人アタッチメントのアセスメント
P・M・クリテンデン／A・ランディーニ著　三上謙一監訳
動的-成熟モデルによる談話分析